20 x 20 TopTipps
Tessin

20 x 20 TopTipps
Tessin

Claus Schweitzer

Die lauschigsten Grotti,
die verrücktesten Freizeitabenteuer,
die sympathischsten Hotels,
die feinsten Spezialitätenläden,
die spannendsten Kulturtrips,
die aktuellsten In-Treffs,
die 400 besten Adressen für alle Sinne ...

AT Verlag

9., vollständig überarbeitete und aktualisierte Neuauflage, 2012

© 1997
AT Verlag, Aarau

Idee, Konzept und Text: Claus Schweitzer, Zürich
Lektorat: Monika Schmidhofer

Umschlagbild: Ristorante Marina im Hotel Eden Roc, Ascona

Fotos Inhalt: Mehrheitlich von Claus Schweitzer, vereinzelte wurden uns mit freundlicher
Genehmigung von Hotels, Restaurants, Museen und Verkehrsvereinen zur Verfügung gestellt.

Die Kartenausschnitte wurden reproduziert mit Bewilligung
des Bundesamtes für Landestopographie vom 12. 2. 1997.

Lithos: AZ Grafische Betriebe AG, Aarau
Druck und Bindearbeiten: AZ Druck und Datentechnik, Kempten
Printed in Germany

ISBN 978-3-03800-688-6

www.at-verlag.ch

Inhalt

Editorial
400 Lieblingsorte zum Übernachten, Essen, Geniessen, Staunen und Erleben

Echt, verlässlich, authentisch, nützlich. So müssen die Tipps in jedem Band der «20 × 20 Top Tipps»-Reihe sein. Das erwarten Sie zu Recht. Was wir nicht vor Ort gesehen, genossen, erlebt haben, was sich nicht bewährt hat, das kommt auch nicht ins Buch.

Wer das Tessin liebt, die Touristenmassen aber nicht erträgt, findet in diesem sorgfältig überarbeiteten Reise(ver)führer ein Kaleidoskop von Plätzen, die überraschen, obwohl wir sie zu kennen glaubten, und von Orten, die zu entdecken sich lohnt. Wir führen Sie nicht nur zu den berühmten Sehenswürdigkeiten und einmaligen Klassikern, sondern vor allem auch zu den versteckten Perlen und echten Geheimtipps abseits der ausgetretenen Trampelpfade. Hier liegt der Schlüssel zum unwiderstehlichen Charme der Schweizer Sonnenstube.

Was im Vergleich zu früheren Ausgaben dieses erfolgreichen Tessin-Guides auffällt: Viele trendbewusste Gastronomen, Hoteliers und Leistungsträger verschiedenster Branchen verleihen dem einst etwas biederen Image der Südschweiz neuen Schwung und mischen das unlängst noch undifferenzierte Angebot auf, verjüngen das Publikum und verleihen dem Tessin neuen Glanz.

Dieser Reiseführer legt keinen Wert auf Vollständigkeit, aber grossen auf Aktualität. Er ist bewusst subjektiv und orientiert sich weder an klingenden Namen noch an verliehenen Sternen oder Kochlöffeln. Sie finden darin 20 × 20 inspirierende, interessante und witzige Ideen für Ferien im Tessin – für jeden Geschmack und jedes Budget. 400 starke Tipps, die ganz unmittelbar die Lust wecken, sofort die Koffer zu packen, und auch den zehnten Besuch in der Südschweiz zum Erlebnis machen.

Wir präsentieren Ihnen ein Tessin zum Anfassen und Erleben, ein Tessin, in das Sie sich vertiefen, das Sie aber auch ganz praktisch erfahren können. Mit allem, was für Ihren nächsten Trip in den von der Sonne verwöhnten Landstrich wichtig ist: Essen und Übernachten, Einkaufen und Flanieren, Feste und Nachtleben, Unterhaltung und Sport, Spektakel und Museen, Aussichtspunkte und Wanderungen. Von der mediterranen Seelandschaft bis in die wilden Bergtäler. Für spannende Kontraste ist gesorgt: Jedes der zwanzig Kapitel wird mit zwei gegensätzlichen TopTipps eröffnet.

Ob Sie nun lieber am Bungee-Seil oder in der Hängematte baumeln, ob Sie sich in rustikaler Risotto-Gemütlichkeit oder heiterer Lifestyle-Oase am wohlsten fühlen, ob Sie den schönsten Swimmingpool suchen oder die schönste Strecke, ihn zu umgehen: Das Tessin hat viel zu bieten. Aber man muss wissen was und wo. Wir sind Ihnen vorausgereist und haben die besten Adressen und Destinationen auf den folgenden 200 Seiten für Sie zusammengefasst.

Klar, dass auch wir das liebste Reiseziel der Deutschschweizer nicht völlig neu auf die Landkarte setzen können. Aber wir nehmen die Lupe statt der Siebenmeilenstiefel, verweilen in den originellen Winkeln des Tessins und glauben, dass daraus Entdeckungsreisen für Gern-Esser und Zeit-Geniesser, Landschafts-Anbeter und Sports-Freunde, Spezialitäten-Bummler und Kultur-Flaneure geworden sind. Damit dieser Reiseratgeber auch in Zukunft aktuell bleiben kann, sind wir für Hinweise über Veränderungen, für Anregungen und Ergänzungen dank- und kontaktierbar. Zunächst wünschen wir Ihnen aber möglichst viele gute Erfahrungen unterwegs!

Claus Schweitzer

Italienische Grandezza:
Villa Principe Leopoldo, Lugano

Tipp 1

Es gibt Momente, die keine Kompromisse dulden. Da muss es der absolute Luxus sein. Ein ganz besonderer Ort, der jeden Aufenthalt zum unvergesslichen Erlebnis macht. Dann fahren Sie einfach in die "Villa Principe Leopoldo". Wer zum ersten Mal vor dem ehemaligen Palais des Prinzen von Hohenzollern steht, traut seinen Augen kaum. Diese Oase über Lugano, nur zwei Kilometer von der Seepromenade entfernt, sieht aus wie ein Traum. Ein Landsitz, wie es ihn nicht noch einmal gibt in der Schweiz, eine bizarre Mischung aus englischem Landgut und toskanischem Liebesnest. Im Sommer tafeln die Gäste auf der atemberaubend schön gelegenen Terrasse unter grossen Baldachinen, silberne Kerzenleuchter funkeln, Champagner prickelt, im Innern blitzt der Marmor und leuchten die Stukkaturen wie eh und je. Dieser Tempel der Musse strahlt so viel italienische Grandezza aus, dass ein Grossteil der (sehr dekorativen) Gäste aus Milano anreist; aus dem Norden kommende Gäste, die (oft) noch gewisse Lücken in der feinen lateinischen Lebensart zeigen, müssen erst die Schmetterlinge im Magen überwinden, bevor sie in einer der 33 plüschig-pompösen Juniorsuiten Einlass finden – mit unvergleichlichem Blick über den See, die Landschaft, die alles begrenzenden Berge. Aber dann sind sie für ein paar kostbare Stunden Kaiser und Halbgott zugleich. Ob 1000 Wünsche in einer Nacht oder 1001 Nächte mit einem Wunsch: Hier erwartet Sie jene Prise Extravaganz, die sonst nicht zum Stil helvetischer Nobelabsteigen gehört.

6900 Lugano, Via Montalbano 5, Telefon 091 985 88 55. Doppelzimmer ab 525 CHF, www.leopoldohotel.com

Tessiner Stilleben:
Landgasthaus Cà Vegia, Golino

Tipp 2

Der Lago Maggiore ist ein touristischer Magnet, die kaum erschlossenen Täler profitieren davon. Mit ein paar kurvigen Kilometern, hinein in das verwunschene Centovalli etwa, scheint man Jahrzehnte zu überwinden. Keine Hektik mehr, keine Ungeduld. Dafür eine wildromantische Szenerie, Kastanienwälder, steile Bergflanken, da und dort ein kleiner granitener Ort, in dem das Schrittmass noch gilt und eine gewisse Romantik der Einfachheit herrscht. Golino ist so ein pittoresker Ort, der noch ganz ohne touristische Betriebsamkeit auskommt. An der kopfsteingepflasterten Piazza, die von kunsthistorischen Bauten umgeben ist, liegt das urtümliche kleine Hotel Cà Vegia (das alte Haus). Wer sich den Umweg ins nächste Heimatmuseum sparen und dennoch wissen will, wie das Innere eines Tessiner Patrizierhauses aus dem 17. Jahrhundert aussieht, der sollte sich hier eines der 24 kunstvoll renovierten Zimmer reservieren. Freskengeschmückte Mauern und Deckenbalken, alte Steinböden und stolze Cheminées, massivhölzerne Türen und Relikte vergangener Zeiten vermitteln ein mittelalterliches Wohnerlebnis – alles ohne jegliches folkloristisches Chichi, dafür mit zeitgemässen Bädern und einer Möblierung wie in einem Privathaus. Viel Atmosphäre, wenig Gehabe. Das gute Frühstück, das man im Sommer im nach Süden geöffneten Innenhof einnimmt, wird Sie bedauern lassen, dass man hier nicht zu Abend essen kann, dafür verstecken sich in der nahen Umgebung einige empfehlenswerte Lokale, darunter das «Ristorante Centovalli» (siehe Seite 38) in Ponte Brolla, wo man im pergolagedeckten Garten an einladenden Granittischen sitzt.

6656 Golino, Telefon 091 796 12 67. Doppelzimmer ab 140 CHF, www.hotel-cavegia.ch

Spritzig verpackter Grandhotel-Chic:
Hotel Eden Roc, Ascona

Tipp 3

Seit der Jahrhundertwende, als der Monte Verità von Esoterikern der ersten Stunde zum mystischen Mittelpunkt Europas erklärt wurde, ist Ascona ein begehrtes, an manchen Sommertagen etwas überlaufenes Ziel. So überrascht es auch nicht, dass sich in dieser subtropischen Traumlandschaft eine erstaunliche Luxushotel-Kultur entwickelt hat – vom «Giardino» (romantisch-theatralisch) über das «Delta» (sportlich-familiär) bis zum «Castello Sole» (klassisch-naturnah). Das «Eden Roc» repräsentiert das Grandhotel der Gegenwart. Zwar könnte das Gebäude-Ensemble genauso gut in Miami Beach oder Dubai stehen – die grandiose Naturkulisse und das gute Gefühl, hochwill-

kommen zu sein, machen diesen Eindruck aber mehr als wett. Die Handschrift des Innenarchitekten Carlo Rampazzi mag in ihrer extravaganten Art nicht jedermanns Geschmack treffen, doch vermittelt das farbenfrohe Dekor gute Laune und südliche Schwerelosigkeit. Im Frühjahr 2010 kamen im Annexbau «Eden Roc Marina» das gleichnamige Lifestyle-Restaurant im Retrostil der Siebzigerjahre sowie 16 heiter stimmende Zimmer zu vergleichsweise vernünftigen Preisen hinzu.
6612 Ascona
Telefon 091 785 71 71
Doppelzimmer ab 460 CHF (Sommer) bzw. ab 300 CHF (Winter)
www.edenroc.ch

Romantisch-theatralisch:
Hotel Giardino, Ascona

Tipp 4

Wer je im «Albergo Giardino» war, begreift, dass es eine internationale Gemeinde von gutbetuchten Reisenden gibt, die ein Hotel nicht allein als luxuriöse Beherbergungseinheit verstehen, sondern als einen besonderen Lifestyle. Sie reisen nicht in bestimmte Ferienregionen, sondern in spezielle Hotels. Das «Giardino», das sich um einen zauberhaften Garten mit Seerosenteich gruppiert, ist seit über zwanzig Jahren eines der schönsten und eigenwilligsten Ferienhotels der Schweiz, mit zeitgemäss mediterranem Flair und ausgeprägtem Hideaway-Charakter. Damit dies so bleibt, dafür sorgen Philippe und Daniela Frutiger. Mit kontinuierlicher Vorwärts-

strategie, Einfallsreichtum und einer strahlend charmanten Service-Crew halten sie die Hotelanlage auf Topniveau. Unlängst wurden sämtliche Zimmer und Suiten frisch renoviert, die beiden Restaurants zählen zu den besten im Tessin, und im sinnesberauschenden Spa kann der ermattete Erfolgsmensch mit wunderbarer Leichtigkeit neue Energien tanken.
6612 Ascona
Via Segnale
Telefon 091 785 88 88
Doppelzimmer ab 480 CHF
www.giardino.ch

Natur und Luxus harmonisch vereint:
Castello del Sole, Ascona

Tipp 5

Das «Castello del Sole» bietet mehr als die perfekt inszenierten Lifestyle-Bühnen anderer Fünfsternehotels. Luxus wird hier anders definiert, und zwar als grosser Freiraum mit fast unbegrenzten Möglichkeiten. Die nächsten Nachbarn sind mehrere hundert Meter entfernt, durch die Lage allein für sich inmitten des eigenen Landwirtschaftsbetriebs im Maggiadelta erfüllt die Nähe zur Natur hier nicht blosse Dekorationsaufgaben, sondern macht sich allen fünf Sinnen bemerkbar. Der riesige Hotelpark ist wie ein Wohnzimmer im Freien – mit Ecken zum Lesen, Essen, Arbeiten, Spielen, Entspannen. Der Gast kann sich auch bei einem längeren Aufenthalt immer neue Perspektiven verschaffen. Die Wirkung der hundertjährigen Bäume ist enorm, der schilfgesäumte Privatstrand ein Traum, und beim Abendessen freut man sich, dass Risotto, Spargel, zahlreiche Gemüse- und Obstsorten, Kräuter und Beeren sowie ein Dutzend Weine aus eigener Produktion in Sichtweite der Restaurantterrasse stammen. Die Küche von Othmar Schlegel hat nichts von der mediter-

ranen Frische eingebüsst, die seit Jahren zum Markenzeichen der Nobelunterkunft gehört. Dem Gastgeberpaar Simon V. und Gabriela Jenny ist es gelungen, die Anlage mit gezielten Eingriffen wirkungsvoll zu erneuern und ihr Lebensfreude und Natürlichkeit zu verleihen. Die einzigartige Naturszenerie des «Castello del Sole» zwingt die Tessiner Konkurrenz zu immer neuen Designkulissen und Bühnenbildern, über die sich das zeitlos eigenständige «Sonnenschloss» unaufgeregt hinwegsetzen kann.
6612 Ascona
Telefon 091 791 02 02
Doppelzimmer ab 660 CHF
www.castellodelsole.com

Kunstsinnig:
Albergo Gardenia, Caslano

Tipp 7

Das Malcantone ist die dritt-
grösste Ferienregion im Tessin
(nach Locarno-Ascona und
Lugano), hat aber als klassische Wanderdestination
mehr Ferienwohnungen und
kleine Pensionen als attraktive
Hotels zu bieten. Eine der
wenigen Ausnahmen ist das
«Albergo Gardenia». In der
ehemaligen Klosterschule
kontrastieren plakative Öl-
gemälde, witzige Skulpturen
und teilweise extravagante
Möbel mit antiken Gewölben
und weissen Wänden. Altes

Am Ufer
der Melezza:
Al Ponte Antico, Golino

Tipp 6
In pittoresker Natur, etwas
erhöht über dem Ufer
der Melezza und doch nur
wenige Autominuten von
Ascona und Locarno ent-
fernt, liegt dieses schmucke
kleine Hotel mit 12 ange-
nehmen Zimmern. Das
Ambiente ist stilvoll familiär,
das typische Hotelgefühl mit
langen leeren Gängen, polier-
ter Verlorenheit und fremden
Menschen in den Zimmern
nebenan kann hier gar nicht

erst aufkommen. Im Restaurant, wo eine einfache
mediterrane Küche serviert
wird, entspinnen sich die
Gespräche unter den Gästen
ganz von selbst, und spätestens beim zweiten Glas
Merlot bianco hat man die
Gewissheit: Das «Al Ponte
Antico» ist ein feiner Schlupf-
winkel für ein romantisches
Wochenende.
6656 Golino-Intragna
Telefon 091 785 61 61
Doppelzimmer ab 180 CHF
www.alponteantico.ch

und Neues wurde architektonisch klug vereint, der Innenarchitekt unterstreicht eine Binsenwahrheit des Minimalismus: Je mehr Sie weglassen, desto besser muss das, was Sie behalten, sein. Geheimtipp: Die vier geräumigen «Panorama»-Suiten mit Wintergarten und Dachterrasse.

6987 Caslano
Telefon 091 611 82 11
Doppelzimmer ab 270 CHF
www.albergo-gardenia.ch

Atmosphärisch:
Albergo Centovalli, Ponte Brolla

Tipp 8

Das Negative vorweg: Ohne Reservation Wochen im Voraus besteht nur eine geringe Chance, an einem Frühlings-, Sommer- oder Herbstwochenende eines der neun Zimmer im «Albergo Centovalli» zu ergattern. Das kommt vom Positiven: Das rosafarbene Tessinerhaus mit den grünen Fensterläden und der pergolaüberdeckten Terrasse ist eine dieser durchwegs stimmigen Adressen, die man am liebsten nur Freunden weiterreichen möchte. Gastgeberin Silvia Gobbi, die das Haus mit Stolz und grossem persönlichem Engagement führt, bringt das Kunststück fertig, für jeden etwas zu bieten: Die Einheimischen kommen gern auf ein Glas Merlot vorbei, Gourmets schwärmen vom besten Risotto im ganzen Kanton, während in den Gästezimmern siebenköpfige Familien fröhlich ihre Sommerferien verbringen. In der Nebensaison treffen rot besockte Wandervögel auf schwarz gewandete Kreative, falsche Dichter auf echte Lebenskünstler – sie alle wissen, dass im «Albergo Centovalli» jeder Aufenthalt zum Fest wird. Aus einem Diner zu zweit wird schnell eine grosse Runde – fröhlich, laut und von südlicher Unbeschwertheit. So wird der Abend zur Nacht, und die endet erst, wenn den Gästen in einem Zustand höherer Seligkeit die Augen zufallen.

6652 Ponte Brolla
Telefon 091 796 14 44
Doppelzimmer ab 149 CHF
www.ristorante-centovalli.ch

Herrliche Aussichten:
Albergo Ronco, Ronco sopra Ascona

Tipp 9

Am Hang, zwischen See und Himmel, mit Postkartenblick auf den Lago Maggiore und die Brissago-Inseln, bietet dieses gepflegte kleine Hotel neben der Kapelle Marie delle Grazie eine herrliche, weinrebenüberdachte Restaurantterrasse, gute Küche, zwanzig angenehme Zimmer und ein kleines Freibad.

6612 Ronco s/Ascona
Piazza della Madonna
Telefon 091 791 52 65
Doppelzimmer ab 165 CHF
www.hotel-ronco.ch

Charmante Edelpension:
Pensione Ca'Serafina, Lodano

Tipp 10

Während die architektonischen Eigenschaften des restaurierten Gebäudes aus dem Jahr 1837 noch die Geschichte des Maggiatals vergangener Zeiten erzählen, ist die Atmosphäre der schmucken Pension Ausdruck der Persönlichkeit von Gastgeberin Alexa Thio. Mit viel Liebe und Flair für zeit-

gemässe Behaglichkeit führt sie ihre «Ca'Serafina» im alten Dorfkern von Lodano und sorgt dafür, dass es den Gästen an nichts fehlt.

6678 Lodano/Valle Maggia
Telefon 091 756 50 60
DZ ab 200 CHF
www.caserafina.com

14

Tausend Palmen:
Esplanade, Minusio-Locarno

Tipp 11

Die geglückte Mischung aus Italianità und Schweizer Bodenständigkeit macht das «Esplanade» zu einem der besten Viersternehotels im Tessin. Vor hundert Jahren als Kurhaus erbaut, verbindet es historisches Flair mit modernem Komfort und heutigem Energiefluss von den Zimmern bis ins Spa. Trumpf des Hauses ist die mediterrane Parkanlage mit über tausend Palmen.
6648 Minusio-Locarno
Telefon 091 735 85 85
Doppelzimmer ab 290 CHF
www.esplanade.ch

Ein Stück Toskana im Tessin:
Agriturismo Amorosa, Gudo-Sementina

Tipp 12

Wer oft nach Italien reist, dem ist das Wort «Agriturismo» geläufig: Es bezeichnet landwirtschaftliche Betriebe, die auch ein paar Gästezimmer und eine Table d'hôte mit einem kleinen Tagesmenü anbieten. Nach diesem Vorbild hat der umtriebige Tessiner Weinproduzent Angelo Delea seine «Amorosa» (die Liebende) ins Leben gerufen – ein heiter stimmendes kleines Hotel in einem ehemaligen Bauernhaus mitten in den Rebhängen und Olivenplantagen der Magadinoebene. Es bietet ein ansprechendes rustikales

Restaurant mit offener Küche und flackerndem Kamin sowie zehn stilsicher eingerichtete Zimmer. «Ich möchte den Kunden zeigen, wo ich die Trauben anbaue, und dies ist auch eine ideale Kulisse, um meine Produkte (diverse Weine und Grappe, Olivenöl, Essig, Tessiner Trockenfleischspezialitäten) zu degustieren», umschreibt Geschäftsmann Delea sein Amorosa»-Konzept.
6515 Gudo-Sementina
Telefon 091 840 29 50,
Doppelzimmer ab 240 CHF
www.amorosa.ch

Maritimes Bijou mit südlichem Flair:
Yachtsport Resort, Brissago

Tipp 13
«Es gibt hunderte Hotels rund um den Lago Maggiore, aber nur sehr wenige direkt daran», sagt Jörg Wolff, der sich im «Yachtsport Resort» einen Traum verwirklicht hat. Recht hat er. Sein im Sommer 2010 eröffnetes Hotel liegt privilegiert am Seeufer, mit kleinem Privatstrand, Palmengarten, Hafen, Bootsver-

mietung, Segel- und Motorbootschule, Gourmet-Bistro und zehn einladenden Zimmern, die wie luxuriöse Kapitänskabinen anmuten, mit Teakholzmöbeln und klassischem Schiffsparkett ausgestattet. Sie haben keine Nummern, sondern tragen berühmte Schiffsnamen wie «Riva», «Pedrazzini» oder «Boesch» – und begeistern Schiffsfreaks allein schon wegen den entsprechenden Accessoires und Schiffsmodellen. Dazu gibt es ein sportlich-legeres Restaurant, eine schmucke Bar und eine Lounge.
6614 Brissago
Telefon 091 793 12 34
DZ ab 400 CHF
www.yachtsport-resort.com

Zeitgemässe Wohnkultur an der Piazza:
La Meridiana, Ascona

Tipp 14
Das im Sommer 2007 eröffnete Hotel überzeugt mit einer gelungenen Mischung aus historischem Patrizierhaus und moderner Lifestyle-Architektur. Auch die Lage des «Meridiana» ist speziell: Einerseits steht das Gebäude-Ensemble direkt an der Seepromenade von Ascona, die sich bei Sonnen- und Mondschein als wunderbarer Freiluftsalon offenbart, andererseits ist das Hotel aber etwas zurückversetzt über der grandiosen Terrasse im ersten Stockwerk, die den meisten Flaneuren unten an der Piazza verborgen bleibt.

Tessiner Bilderbuch-Ferienhotel:
Riposo, Ascona

Das junge Hotelteam sorgt gut gelaunt und voller Enthusiasmus dafür, dass es den Gästen an nichts fehlt.
6612 Ascona
Piazza G. Motta 61
Telefon 091 786 90 90
Doppelzimmer ab 220 CHF
www.garni-la-meridiana.ch

Tipp 15
Gewachsen aus einem Tessinerhaus und in vielen Jahrzehnten geprägt durch die kunstsinnige Gastgeberfamilie Studer, möchte das «Riposo» im teuren Ascona ein aussergewöhnliches

Hotelerlebnis zu erschwinglichen Preisen bieten. Der pittoreske Innenhof, die aussichtsreiche Dachterrasse mit Freibad, die gepflegten Zimmer und die herzlichen Mitarbeiter laden zum Bleiben und zum Wiederkommen ein.
6612 Ascona
Scalinata della ruga 4
Tel. 091 791 31 64
Doppelzimmer ab 180 CHF
www.hotel-riposo.ch

Versteckter Schlupfwinkel mit Weitblick:
Hotel Collinetta, Ascona-Moscia

Tipp 16

Man getraut sich gar nicht, das «Collinetta» zu empfehlen, aus lauter Angst, Publizität könnte diesem Kleinod etwas anhaben. Das gut versteckte Grundstück mit unauffälliger Hoteleinfahrt verfügt über eine berauschende Aussicht auf den Lago Maggiore und einen subtropischen Park, aus dem man am liebsten nicht mehr herausfinden möchte. Zwischen Palmen und Lor-

beersträuchern, Kamelien und Zitronenbäumen finden sich zahlreiche stille Plätzchen für faule Tage im Liegestuhl. Und wenn auch die Innenarchitektur in den 36 Zimmern etwas banal ist: In der Idylle dieses gepflegten kleinen Feriendomizils halten es Menschen, die unprätentiös zu leben verstehen, gern etwas länger aus. Leider ist dieser Geheimtipp nicht mehr ganz geheim: Frühzeitig reservieren lohnt sich!

6612 Ascona-Moscia
Strada Collinetta 115
Telefon 091 791 19 31
Doppelzimmer ab 192 CHF
www.collinetta.ch

Junger Lifestyle am Luganersee:
Dellago, Melide

Tipp 17

Die Atmosphäre ist jung, frisch, fröhlich. Die 21 Zimmer sind sehr unterschiedlich gestylt, die meisten blicken auf den Luganersee. Besonders zu empfehlen ist die Suite «Coffee & Cream» im kubanisch-kolonialen Loftstil. Die Restaurantterrasse zählt zu den schönsten der Region (siehe Seite 39).

6815 Melide
Telefon 091 649 70 41
Doppelzimmer ab 190 CHF
www.hotel-dellago.ch

Pittoresk:
Casa Ambica, Gordevio

Tipp 18
Das historische Patrizierhaus im malerischen alten Dorf-kern von Gordevio beher-bergt fünf schlicht-schöne Hotelzimmer, eingebettet in ein Ambiente aus sanften Farben und ländlicher Behag-lichkeit. Der romantische Garten mit Granittischen, Brunnen und Steinskulpturen lädt ebenso zum Bleiben ein wie der stilvolle Frühstücks- und Aufenthaltsraum mit grossem Tessiner Kamin.
6672 Gordevio
Telefon 091 753 10 12
Doppelzimmer ab 170 CHF
www.casa-ambica.ch

Sympathisches Familienhotel:
Villa Carona, Carona

Tipp 19
Carona ist eines der schönst-gelegenen Dörfer im Tessin und ein idealer Ausgangs-punkt für herrliche Wande-rungen. Mitten im Dorf liegt die Villa Carona, ein 200-jähriger Patriziersitz mit 18 sehr verschiedenen, aber stets stilsicher ein-gerichteten Gästezimmern.
6914 Carona
Telefon 091 649 70 55
Doppelzimmer ab 195 CHF
www.villacarona.ch

Indianer-Leben:
Campingplätze

Tipp 20
Auf der Internetseite www.camping.info/schweiz/tessin finden sich mehr als 30 auf das gesamte Tessin verteilte Campingplätze. Die attraktivsten Zeltplätze sind: Campofelice***** in Tenero (mit Freilichtkino, Tennis-plätzen, eigener Surfschule, 400 m Sandstrand, zwei Robinsonspielplätzen usw.), Bella Riva**** in Gordevio sowie Camping Pede-monte*** in Melano. Bei diesen Plätzen unbedingt früh-zeitig reservieren! Das «wilde» Campen ausserhalb der offiziellen Plätze ist im ganzen Tessin streng verboten.
Campofelice, Tenero,
Telefon 091 745 14 17,
www.campofelice.ch
Bella Riva, Gordevio,
Telefon 091 753 14 44
Camping Pedemonte,
Melano, Telefon 091/649 83 33,
www.montegeneroso.ch

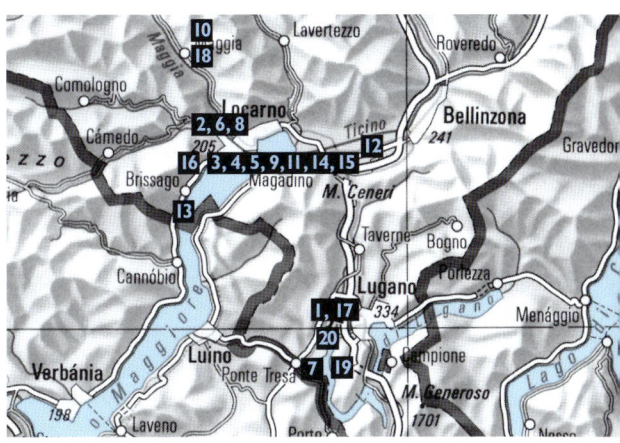

Landpartie mit Aussicht:
Stazione da Agnese e Adriana, Intragna

Tipp 1

Gutes Essen, faire Preise, nette Leute und der richtige Groove – das ist für die meisten Geniesser alles, was es braucht, damit sie gerne in ein Restaurant gehen. Das «Stazione», zwischen den Geleisen der Centovallibahn und einem steilen Abhang ins Tal gelegen, bietet all dies. Seit über vier Jahrzehnten zelebriert Signora Agnese Broggini hier Tessiner Gastfreundschaft und begeistert sich und ihre Gäste für das Leben. Mit ihrer Schwieger-tochter Adriana hat sie die ideale Ergänzung in der Küche und eine motivierte Nachfolgerin gefunden. Auch Adriana vertraut auf einfache, dafür umso sorgfältiger zubereitete Gerichte – etwa ein Thunfisch-Carpaccio mit Fenchelsalat, hausgemachte Pasta in zahlreichen Varianten, Fische aus dem Lago Maggiore oder Brasato mit Pfifferlingen und Polenta. Lob verdient auch die Weinkarte, die neben italienischen Klassikern praktisch alle einschlägigen Winzer aus dem Tessin versammelt und mit einer abwechslungsreichen Auswahl an offenen Weinen zu annehmbaren Preisen aufwartet. Das Innenleben des ehemaligen Bahnhofbuffets von Intragna wurde vor ein paar Jahren rundum erneuert: Das lichtdurchflutete Restaurant mit weitem Ausblick ist auch optisch ein Genuss, und wer gar nicht mehr weg will, kann in einem der fünfzehn komfortablen Gästezimmer übernachten.

6655 Intragna, Telefon 091 796 12 12, Täglich geöffnet, www.daagnese.ch

Epizentrum der Ascona-Renaissance:
Seven Ristorante, Ascona

Tipp 2

Der engagierte Unternehmer Stefan Breuer wollte an der autofreien Seepromenade von Ascona ein urbanes Ambiente verwirklichen und damit an jene glorreichen Zeiten anknüpfen, als der Ferienort Ziel einer kosmopolitischen Klientel war. Das Ergebnis war zunächst das «Seven Ristorante», wo Ivo Adam für ein Maximum an Style sorgt. Der ebenso ideenreiche wie trendbewusste Küchenchef spielt mit der Lust am Probieren und setzt auf «Taster»-Portionen. Hauptgänge spielen bei ihm keine Hauptrolle: Viele Gäste teilen mit dem Gegenüber eine Auswahl von Vorspeisen. Die Küche ist regional und exotisch zugleich, experimentell und immer marktfrisch. Man sitzt, staunt und geniesst – und ist plötzlich sogar mit den gepfefferten Preisen versöhnt. Zum «Seven Ristorante» gehören auch die kleine, feine «Seven Lounge». (Cocktails, Stuzzichini und offen ausgeschenkte Spitzenweine), die «Seven Enoteca» (die für private Weindegustationen und Dinners bis 12 Personen exklusiv gemietet werden kann) und die lebendige «Sea Lounge» direkt im Hafen von Ascona (siehe Seite 55). Wenige Schritte entfernt befinden sich zudem die beiden Schwesterbetriebe «Seven Easy» (Seite 35) und «Seven Asia» (Seite 36).
6612 Ascona, Via Moscia 2, Telefon 091 780 77 88, Montag geschlossen (Mitte Juni bis Mitte August täglich geöffnet), www.seven-ascona.ch

Sinnliche Gaumenfreuden:
Osteria Dell'Enoteca, Losone

Tipp 4

Das «Aphrodite» im «Hotel Giardino» (siehe Seite 10) zählt zu den drei besten Hotelrestaurants im Tessin. Die zeitgemässe mediterrane Marktküche setzt auf frische, sehr frische Rohprodukte und bietet abends eine Auswahl von 16 täglich wechselnden Gerichten. Wer sich einen Aufenthalt im

Tipp 3

Richtig verträumt ist der Garten, der sich hinter dem grossen schmiedeeisernen Tor im Gassengewirr von Losone verbirgt. Unter der lauschigen Pergola lässt man sich gerne etwas mehr Zeit zum Geniessen und Verweilen. In den beiden elegant rustikalen Speiseräumen setzt sich der gepflegte Stil des alten Tessinerhauses fort. Alles ist mit Liebe zum Detail hergerichtet und verströmt eine beschauliche Atmosphäre. In der Osteria Dell'Enoteca, wo Hansueli Kellenberger (Service) und Daniel Zürcher (Küche) ihre Gäste seit nunmehr 20 Jahren verwöhnen, wird nicht mit einer grossen Speisekarte geprotzt. Täglich

werden zwei erlesene Menüs serviert. Und was altbekannt klingt, schmeckt hier einfach anders, leichter, besser – wie die Broccoli-Blumenkohl-Terrine, der Lachs auf Fenchelstreifen oder die hauchdünnen Bärlauchnudeln auf Frühlingsgemüse. Dazu lockt ein gut bestückter Weinkeller mit Tessiner Spezialitäten und exzellenten Italienern. Da das Lokal über nur neun Tische verfügt, empfiehlt sich während der Hochsaison eine frühzeitige Reservation.

6616 Losone
Contrada Maggiore 24
Telefon 091 791 78 17
Montag und Dienstag
geschlossen
www.osteriaenoteca.ch

Traumhotel nicht leisten kann oder will, ist auch als Passant für einen unvergesslichen Abend ein willkommener Gast. Übrigens: Auch das zweite Restaurant im Haus, das «Ecco!», lohnt einen Abstecher für all jene, die Lust auf avantgardistische Geschmackserlebnisse haben (siehe Seite 27).

6612 Ascona
Telefon 091 785 88 88
Täglich geöffnet
www.giardino.ch

Frischer Wind:
Il Tartufo, Orselina

Tipp 5

Das einstige «Paradiso» heisst heute «Il Tartufo» und hat sich atmosphärisch wie kulinarisch von der früheren Betulichkeit gelöst. Neuer Hausherr und Küchenchef ist Massimiliano Mariotta, ein Tessiner, der in den letzten Jahren Erfahrungen in Zürich und Shanghai sammeln konnte und nun voller Tatendrang sein kleines Restaurant hoch über dem Lago Maggiore führt. Der Weg zum Tisch und zum Genuss führt zunächst über die Küche, wo Massimiliano dem Gast das Menü und mögliche Alternativen schmackhaft macht. Egal, ob er mit (Bio-)Gemüsen, Fisch oder Fleisch hantiert: Alles ist sehr frisch, perfekt zubereitet und originell kombiniert. Allerdings muss ein Essen erdauert werden. Der Service ist zwar freundlich, die Wartezeiten aber sind lang.

6644 Orselina
Via al Parco 7
Telefon 091 743 35 49
Dienstag sowie mittags geschlossen

Tipp 7

Dass die italienische Markt-küche im gemütlichen Alt-stadtlokal von Sabine und Valentino Roversi zu den besten in der Region zählt, merkt man nicht zuletzt daran, dass man bei einem spontanen Besuch kaum je einen freien Tisch findet. Viel gefragt sind die Gnocchi mit Rucola und Rohschinken-streifen sowie das mit ge-trüffeltem Parmesan über-backene Rindsfilet mit Kar-toffelgratin. Vorsicht ist bei der Panna Cotta mit frischen Himbeeren und beim Mango-Parfait mit dunkler Schokoladensauce ange-bracht: Sogar erklärte

Entdeckung am Eingang ins Onsernonetal:
Ristorante Tentazioni, Cavigliano

Tipp 6

Die Gourmetbibel «Gault Millau» hat Matthias Althof, Küchenchef im sympathischen «Tentazioni», zur «Entdeckung des Jahres 2012 im Tessin» gekürt und dessen «spürbar riesige Ambitionen», seine «verblüffenden Garmetho-den» und die von ihm ver-wendeten «raffiniert ver-zauberten Produkte aus der Umgebung» gewürdigt.

Hausspezialität ist das mari-nierte Rindfleisch mit Olivenöl und Ziegenfrisch-käse auf dem heissen Stein. Besonders lecker sind auch das geräucherte Zander-carpaccio mit Randen-Meerettichsorbet und Spinat-salat oder die Chili-Mais-poulardenbrust mit Frühlings-zwiebel-Taglierini und gefüll-ten Zucchiniblüten. Für die himmlischen Desserts sorgt Althofs Frau Elvira, und die Weinkarte überzeugt mit mehr als fairen Preisen.

6654 Cavigliano
Via Cantonale
Telefon 091 780 70 71
Dienstag geschlossen
www.ristorante-tentazioni.ch

Verzauberter Garten:
Da Enzo, Ponte Brolla

Langsamesser werden sich bei diesen Desserts untreu und schlingen die Köstlichkeiten ganz undiszipliniert in sich hinein. Nur das etwas biedere, teilweise gar kitschige Dekor des Restaurants würde einen Schuss Kreativität vertragen.

6600 Locarno
Via Torretta 7
Telefon 091 752 01 10
Sonntag und Montag geschlossen
www.ristorantedavalentino.ch

Tipp 8

Der reich bepflanzte, terrassenförmig angelegte Garten am Eingang zum Maggiatal wächst wie eine Opernkulisse aus dem Berghang, man sitzt unter Palmen und Reben, die Postkartenidylle ist perfekt. Doch ist dies nicht der einzige Grund, zu Enzo und Josy Andreatta zu fahren. Hier lockt auch die feine Küche: Hausgemachte Teigwaren, Gnocchi, Wolfsbarsch mit frischen Morcheln und Bärlauch, Steinpilz-Carpaccio, Artischockensalat mit mariniertem Lammrücken. Und was altbekannt klingt, schmeckt hier einfach anders, leichter, besser. Auch aus dem Keller mit Schwerpunkt Tessin und Italien gibt es nur Gutes zu berichten, und im klassisch-modern eingerichteten Inneren fühlt man sich an kälteren Tagen ebenfalls rundum wohl und aufgehoben.

6652 Ponte Brolla
Telefon 091 796 14 75
Mittwoch und Donnerstagmittag geschlossen
www.ristorantedaenzo.ch

Lustvoll mediterran:
Locanda Locarnese, Locarno

Tipp 9

Das schönste Restaurant in Locarno, in einer Seitengasse der Piazza Grande gelegen, mit grossem Kamin, schlicht-eleganter Innenarchitektur und aufmerksamem Service. Persyo Cadlolo kocht lustvoll mediterran auf hohem Niveau und vermag jedem Gast das Gefühl zu vermitteln, ein besonders wichtiger Lieblingsgast zu sein. Einziger Nachteil im Sommer: Keine Terrasse.

6600 Locarno
Via Bossi 1
Telefon 091 756 87 56
Sonntag geschlossen
www.locandalocarnese.ch

Klassische Feinschmeckerfreuden:
Locanda Barbarossa, Ascona

Tipp 10

Während seine Kollegen die Gäste mit Show oder Schock an ihre Tische zu locken versuchen, arbeitet Spitzenkoch Othmar Schlegel in vornehmer Stille – und begeistert alle, die sanftes Entertainment für den Gaumen schätzen. Ohne Ablenkung vom Wesentlichen präsentiert er seine italienisch-französischen Menüs, die man nur anders, aber nicht besser machen kann. Spezialität sind die fachgerecht am Tisch tranchierten «grosses pièces», etwa vom Steinbutt, von der Ente oder der Lammkeule. Vor dem Essen kann man sich den Hunger stilvoll erlaufen:

Der Hotelpark des «Castello del Sole» verdient diesen Namen und verfügt über uralte Bäume und exotische Pflanzen sowie einen schilfgesäumten Privatstrand. Auch die Terrasse des Gourmetlokals «Locanda Barbarossa» stimmt erwartungsfroh: Die festlich aufgedeckten Tische sind rund um einen geschützten Innenhof platziert. Mit klassischer Eleganz und viel Gespür für individuelle Vorlieben achten Maître Sergio Bassi und Sommelier Rodolfo Introzzi darauf, dass jeder Gast der wichtigste ist.

6612 Ascona
Via Muraccio 142, im Hotel Castello del Sole
Telefon 091 791 02 02
Täglich geöffnet
www.castellodelsole.com

Endeckungsreise für den Gaumen:
Ristorante Ecco, Ascona

Tipp 11
Im eigens für den avantgardistischen Gaumenschmaus konzipierten «Ecco» im Luxushotel «Giardino» überrascht der junge Küchentüftler Rolf Fliegauf mit seiner frechen Interpretation der modernen molekularen (Zauber-)Gastronomie. Manche Gänge sind Alchemie pur, mit schockgefrorenen Geschmackswolken und explodierenden Texturen. Man spürt bei jedem der mehr oder weniger grossen Happen, die hier aufgetragen werden, welchen Spass der Koch bei seinen Kreationen hat. Fliegaufs Küche ist gleichzeitig sein Labor, wo er mit neuen Konsistenzen, Kochtechniken und Zubereitungsarten experimentiert. Das Gaumenabenteuer verzückt oder verärgert die Gäste, wird aber stets so virtuos zubereitet, dass das Lokal als einziges Restaurant im Tessin mit zwei Michelin-Sternen ausgezeichnet wurde.
6612 Ascona
Telefon 091 785 88 88
Montag und Dienstag geschlossen
www.giardino.ch

Klein und fein:
La Chiesa, Locarno-Monti

Tipp 12
Man kommt an und fühlt sich wohl, sei es in der Restaurant-Veranda mit grosser Glasfront oder draussen im schönen Garten. Claudio Borsoni setzt auf frische mediterrane Küche: Carpaccio vom Zander aus dem Lago Maggiore mit Tempura von Auberginen und Zucchini, Ragout von grünen Spargeln und Kartoffelgnocchi mit Riesencrevetten, Steinbuttfilet mit Linsengemüse, Rindsfilet mit Wachtelspiegelei, Risotto und gemischten Pilzen. Der Keller ist ein Füllhorn von Tessiner Crus, und zum Ganzen gesellt sich eine effiziente Bedienung, die nie die gute Laune verliert.
6605 Locarno-Monti
Via del Tiglio 1
Telefon 091 752 03 03
Montag geschlossen
www.lachiesa.ch

Schnörkellos und gut:
Osteria Mistral, Bellinzona

Tipp 13

«Übermässige Kreativität zerstört das Aroma», sagt Luca Brughelli. Seinen kulinarischen Purismus kann man in seiner «Osteria Mistral» Gang für Gang erschmecken. Egal, ob der hochbegabte Koch mit Wolfsbarsch, Ente, Lamm oder regionalen Gemüsen und Kräutern hantiert – immer stehen erstklassige Frischprodukte und einfache Zubereitungen ohne jede Aufdringlichkeit im Mittelpunkt. Der Service tritt mit gelassener Souveränität auf, und die Preise halten sich für das konstant hohe Niveau im Rahmen.
6500 Bellinzona
Via Orico 2
Telefon 091 825 60 12
Sonntag geschlossen
www.osteriamistral.ch

Über den Dächern von Lugano:
Ai Giardini di Sassa, Lugano

Tipp 14

Auf der weiss aufgedeckten Restaurantterrasse mit herrlichem Blick auf See, Monte Brè und San Salvatore werden nicht nur die Geschmackssinne, sondern auch die Augen verwöhnt. Wenn abends die Lichter an den gegenüberliegenden Ufern zu funkeln beginnen, kann man hier wirkliche Momente des Glücks erleben. Die mediterran inspirierte Küche setzt auf frische Saisonprodukte und weniger auf eine grosse Auswahl und entspricht so in ihrer geschmackvollen Schlichtheit dem Ambiente des Restaurants. Spezialiät sind Fisch und Fleisch vom Grill. Der Service ist unaufdringlich aufmerksam und trägt das seine zum Wohlsein der Gäste bei. Man kommt gerne wieder.
6900 Lugano
Via Tesserete 10
im Hotel Villa Sassa
Telefon 091 911 41 11
Täglich geöffnet
www.villasassa.ch

Direkt am Luganersee:
Ristorante Arté, Lugano

Wo sich das Reale und das Imaginäre treffen:
La Brezza, Ascona

Tipp 15

Das «Zweitlokal» im spektakulär direkt am Ufer des Lago Maggiore gelegenen Luxushotel Eden-Roc hat sich zum Dauerbrenner unter den In-Lokalen im Tessin entwickelt. Und es ist immer ein gutes Zeichen, wenn wie hier die Zahl der auswärtigen Bonvivants jene der Hotelgäste übersteigt. Das verspielt farbenfrohe Interieur stimmt schon beim Eintreten fröhlich, die prächtige Restaurantterrasse aktiviert Glückshormone, die Service-Crew sorgt mit entspannter Vitalität für das Wohl der Gäste, und die schnörkellos mediterrane Küche von Rolf Krapf würde manchem Feinschmeckertempel gut anstehen, wobei die Preise sich im «La Brezza» allerdings sehr im

Rahmen halten. Im Hintergrund läuft ein gemütlicher Lounge-Sound, im Vordergrund steht das Cinemascope-Panorama von See und Bergen. Wenn dann noch ein Sonnenuntergang die Szenerie in rotes Licht taucht, verschlägt es einem glatt die Sprache – ob deutsch oder italienisch.

6612 Ascona,
im Hotel Eden-Roc,
Telefon 091 785 71 71
täglich abends geöffnet,
mittags geschlossen
www.edenroc.ch

Tipp 16

Schickes, modern eingerichtetes Lokal mit herrlichem Ausblick auf See und San Salvatore. Die innovative italienische Gourmetküche hält, was sie verspricht, der Weinkeller birgt viele Schätze aus dem Tessin, und der Service agiert unaufdringlich kompetent.

6900 Lugano
Piazza Emilio Bossi 7
Telefon 091 973 48 00
Sonntag und Montag
geschlossen
www.villacastagnola.com

Berauschend:
Ristorante Villa Principe Leopoldo, Lugano

Tipp 17
Im allgemeinen kulinarischen Globalismus, der uns an den gehobenen Stätten der Gastlichkeit mit extremen Aromen aus fernöstlichen Gärten umwölkt, wirkt Küchenchef Dario Ranza geradezu exotisch, wenn er einen seiner wundervollen Risotti, wahlweise mit Rucola und Taleggio oder mit Safran, Morcheln oder Langusten, auftragen lässt. Auch der «Branzino» oder das Lammkarree werden hier ohne kulinarisches Chichi, dafür mit vollkommener Klarheit und klassischer Sorgfalt zelebriert. Das Ambiente ist einmalig, mehr italienische Grandezza geht kaum. Mehr Panorama auf die Luganeser Bucht,

Palmen und Dolcefarniente auch nicht. Die mehrheitlich italienischen Gäste strahlen jene gewisse Mixtur von Eleganz und Verruchtheit, von Geld und Glamour, von Intimität und ausgelassener Gesellichkeit aus, die es für die unvergleichliche Atmosphäre des «Principe Leopoldo» braucht.
6900 Lugano
Via Montalbano 5
Telefon 091 985 88 55
Täglich geöffnet
www.leopoldohotel.ch

Klassische italienische Kochkunst:
Montalbano, San Pietro di Stabio

Tipp 18
Die Zeit scheint stillzustehen in diesem zum Gourmetrestaurant umgebauten alten Gutshaus mit lichtdurchfluteter Veranda, Blick in die umliegenden Rebhänge und sehr schöner Sommerterrasse. Claudio Croci Torti, der engagierte Patron, hält hier die norditalienische und Tessiner Küchenkunst hoch: Von Trüffelrisotto, Brennnessel-Lasagne und Kartoffelgnocchi an Bärlauchsauce über gebratene Tauben und knusprig gebratenes Gitzi bis zum Kaninchenfilet mit Trauben und Feigen kommt alles in bester Qualität auf die Teller. Mit klassischer Eleganz und viel Gespür für die individuellen Vorlieben achtet Signore Croci Torti darauf, dass jeder Gast der wichtigste ist.
6854 San Pietro di Stabio
Via Montalbano 34c
Telefon 091 647 12 06
Montag, Samstagmittag und Sonntagabend geschlossen
www.montalbano.ch

Stilles Gourmet-paradies:
Vecchia Osteria di Seseglio, Seseglio-Chiasso

Tipp 19

Die Atmosphäre im ehemaligen Bauernhaus mit den vier einladenden Speisesälen und der wunderbaren Gartenterrasse ist entspannt. Die Küche von Ambrogio Stefanetti setzt auf südlich-mediterrane Menüs aus saisonalen Frischprodukten, und da die Preise verhältnismässig moderat sind und der Service ebenso liebenswürdig wie effizient, hat das unprätentiöse Feinschmeckerlokal Erfolg bei einer breiten Gästeschar.

6832 Seseglio
Via Campora 11
Telefon 091 682 72 72
Montag und Sonntagabend geschlossen
www.vecchiaosteria.ch

Weinkeller der Superlative:
Enoteca Ristorante Conca Bella, Vacallo

Tipp 20

In dieser Michelin-besternten Genusswelt bei Chiasso versteht man es prächtig, die Gäste rundum zu verwöhnen und ihnen ein gutes Gefühl zu geben. Gastgeberin Ruth Montereale und Küchenchef Gian Luca Bos zelebrieren eine augen- wie gaumenschmeichelnde Haute Cuisine: Wolfsbarschtatar mit Tomaten und Olivenöl, Lammkarree mit mediterranen Kräutern, Langusten mit Endivien und Blutorangen. Mittags gibt es auch tadellos zubereitete einfache Gerichte zu wirklich tiefen Preisen.

Das Einzigartige ist jedoch die extrem reichhaltige, fast schon atemberaubende Weinkarte (rund 9000 Flaschen mit 1250 Etiketten), die so ziemlich alles enthält, was Italien, Frankreich und das Tessin an Gutem hervorbringen.

6833 Vacallo
Via Concabella 2
Telefon 091 697 50 40
Sonntag und Montag geschlossen
www.concabella.ch

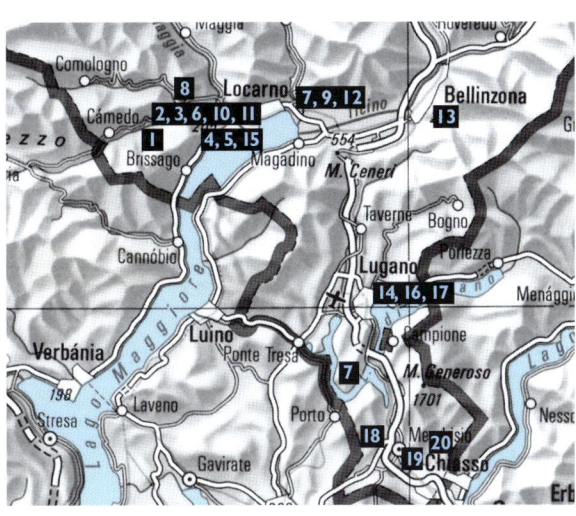

Tessiner Tradition modern interpretiert: *Vicania, Alpe Vicania, Vico Morcote*

Tipp 1

In einer Waldlichtung hoch über Vico Morcote, dort, wo sich Fuchs und Hase gute Nacht sagen, steht dieses legendäre, feinfühlig renovierte und in geschmackvoll schlichter Rustikalität gestaltete Restaurant. Es zeigt vorbildlich, wie man der Tessiner Tradition eine Zukunft gibt, indem man die Vergangenheit selbstbewusst auf zeitgemässe Standards von Service, Ambiente und Küche hin interpretiert. Seine Seele als Alpwirtschaft hat das «Vicania» trotz ambitionierter Gastronomie und gepflegter Atmosphäre nicht verloren. Wenn immer möglich wird draussen serviert. Um den Gästen ängstliche Blicke zum Himmel zu ersparen, wird parallel dazu innen gedeckt. Vielleicht ist ein Gewitter gar das Beste, was einem hier passieren kann: Man geniesst zuerst die Terrasse in wildromantischer Natur mit Blick auf weidende Pferde rund ums Haus, und fährt dann in einem der schönen Innenräume mit dem Essen fort. Für diejenigen, die gut zu Fuss sind, führt ab dem Dorf Vico Morcote einer der schönsten Spazierwege im Tessin in einer knappen Stunde vorbei am Castello di Morcote durch die Rebhänge und durch den Wald hinauf zur Alpe Vicania. Zurück führt ein direkterer, aber auch sehr viel steilerer Weg die 200 Höhenmeter ins Dorf.

6921 Vico Morcote, Alpe Vicania, Telefon 091 980 24 14, Montag und Dienstag geschlossen, in den Sommermonaten nur montags geschlossen, www.alpe-vicania.ch

Leichtigkeit des Seins am Lago-Maggiore-Ufer:
Marina, Ascona

Tipp 2

Im Frühjahr 2010 eröffnete die Nobelabsteige «Eden Roc» die sportlich-ungezwungene Hotel-Dépendance «Marina», zu der 16 Zimmer, ein Wassersportzentrum und das cool gestylte Restaurant «Marina» mit Openair-Lounge direkt am Wasser gehören. Die mediterrane Sonnenküche kommt lustvoll aromenreich auf die Teller und überrascht mit einem sensationellen Preis-Leistungs-Verhältnis. Auch Vegetarier sind hier gut aufgehoben. Der Service behält stets den Überblick und empfiehlt nicht den teuersten, sondern den besten Wein.

6612 Ascona, Via Albarelle 16, Telefon 091 785 71 71, Täglich geöffnet, www.edenroc.ch

Unkomplizierte südländische Marktküche:
San Martino, Porto Ronco

Tipp 3

Das kleine Lokal mit herrlicher Terrasse überblickt das ganze obere Seebecken des Lago Maggiore und liegt direkt gegenüber den Brissagoinseln, die abends über der Wasseroberfläche zu schweben scheinen. Hier atmet man unwillkürlich tief ein, die Weite hat etwas Befreiendes, Wohltuendes. Wenig später wird das unbewusste Atmen zum bewussten Schnuppern: Da liegt doch etwas in der Luft! Die Schwaden feiner Düfte aus der Küche werden intensiver, und schon stehen Bärlauchravioli und Branzino mit Risotto auf dem Tisch. Gastgeber Leo Ackermann und Koch Matti Erbrich kümmern sich sehr persönlich um ihre Gäste. An Sommerwochenenden ist es daher nicht ganz einfach, sich einen freien Tisch zu ergattern. Das Preisniveau ist gute Mittelklasse, die Qualität ein gutes Grad darüber. Auch für die fünf netten Gästezimmer – keines teurer als 190 Franken für zwei Personen mit Frühstück – lohnt es sich, frühzeitig zu reservieren.

6613 Porto Ronco
Via Cantonale 47
Telefon 091 791 91 96
Mittwoch und Donnerstagmittag geschlossen
www.san-martino.ch

Hochkarätiges Panorama:
Della Posta, Ronco sopra Ascona

Tipp 4

Die landschaftliche Szenerie, die sich auf der Restaurantterrasse mit herrlichen Ausblicken auf Brissagoinseln und Lago Maggiore entfaltet, begleitet die Vorfreude auf ein gutes Essen. Bevor Gastgeber Celestino Rolfo die kleine Auswahl an Gerichten vorstellt, rückt er kurz den Wein in den Mittelpunkt. Im «Della Posta» werden hauptsächlich Gewächse aus dem Tessin ausgeschenkt, von bekannten und weniger bekannten Winzern. Niemand muss sich von Anfang an für einen Tropfen entscheiden, sondern kann während des Essens immer wieder andere Weine degustieren, die Celestino Rolfo mit Gusto und Verve empfiehlt. Die mediterran inspirierten Gerichte und hausgemachten Pasta-Variationen sind sorgfältig zubereitet und so leicht, dass noch Lust und Hunger auf die feinen Desserts bleiben.

6622 Ronco sopra Ascona
Via Ciseri
Telefon 091 791 84 70
www.ristorantedellaposta.ch
Täglich geöffnet, im Winter Montag und Dienstag geschlossen

Rustikaler Chic:
Seven Easy, Ascona

Schlemmen am Steintisch:
Al Pentolino, Verdasio

Tipp 5

Verdasio, fünf kurvige Kilometer oberhalb von Intragna im Centovalli gelegen, könnte aus einem Bildband «Unsere heile Schweiz» stammen. Viel Originalarchitektur mit verschachtelten Steinhäusern und putzigem Kirchlein, viel Sonne und Aussicht, kaum Beton. Mitten im autofreien Tessinerdorf (Parkplatz am Ortseingang) empfangen Daniele und Doris Blum hungrige Gäste. Lokal, liebevoll und lecker kommt hier alles auf den Tisch, etwa der knackig frische Gemüsesalat, die frischen Teigwaren mit Tomatensauce oder die Forellenfilets mit Spargeln und Erdbeeren. Am schönsten ist es draussen an den pergolaüberdeckten Stein-

tischen, aber auch in der kleinen Gaststube mit grossem Kamin ist man Lichtjahre vom Alltag entfernt. Tipp: Von Verdasio führt eine Seilbahn (oder eine gut zweistündige Wanderung) auf die Monti di Comino, wo einem fast alle der «hundert Täler» («cento valli») zu Füssen liegen.
6655 Verdasio
Telefon 091 780 81 00
Montag und Dienstag geschlossen
www.alpentolino.ch

Tipp 6

Der unkomplizierte Ableger des eleganten «Seven Ristorante» (siehe Seite 21) bietet eine jederzeit frisch zubereitete italienische Küche mit Fleisch und Fisch vom Grill, Pizza- und Pasta-Variationen sowie eine authentische Pasticceria und eine eigene Gelateria mit täglich frischen Eiskreationen. Das Interieur besticht durch einen gelungenen Mix aus rustikalen Materialien und modernem Design; es gibt aussschliesslich grosse Holztische, die acht bis zehn kommunikativen Gästen Platz bieten, und draussen lockt die grosse Sommerterrasse direkt an der Piazza von Ascona. Sehr beliebt bei Einheimischen wie Touristen: das Frühstück ab 9 Uhr morgens.
6612 Ascona
Piazza
Telefon 091 780 77 71
Täglich geöffnet
www.seven-ascona.ch

Exotische Wohlgerüche in stylischem Ambiente:
Seven Asia, Ascona

Tipp 7
Für Genussmenschen, die süchtig sind nach Sushi und Sashimi, Frühlingsrollen, Papayasalat mit Crevetten, frisch zubereitetem Teppanyaki und höllisch scharfem Thai-Curry, ist hier Endstation

Sehnsucht. Das jüngste und kleinste Lokal der Seven-Gruppe hat auch atmosphärisch das gewisse freche Etwas, und die vorwiegend asiatische Servicecrew sorgt dafür, dass sich jeder Gast mindestens so wichtig genommen fühlt, wie er sich selbst nimmt.

6612 Ascona
Via Borgo 19
Telefon 091 786 96 76
Montag geschlossen (ausserhalb der Sommermonate auch Dienstag geschlossen)
www.seven-ascona.ch

Gepflegter Charme:
Ristorante Della Carrà, Ascona

Tipp 8
Eines der romantischsten Restaurants von Ascona. Auf der windgeschützten Innenhofterrasse am oberen Ende des alten Ortskerns verwöhnen Alfredo und Luisa Cormano ihre Gäste. Man sitzt an gepflegt gedeckten Granittischen unter einer Weinrebenpergola und geniesst die mediterran inspirierte Küche mit hausgemachter Pasta sowie klassischen Fisch- und Grillgerichten. Hier geht es nicht ums Sehen und Gesehenwerden wie an der nahen Seepromenade, auch nicht ums Touristenabzocken, sondern um gelebte Gastfreundschaft, gutes Essen und schöne Weine zu fairen Preisen.

6612 Ascona
Via Carrà dei Nasi 11
Telefon 091 791 44 52
Sonntag geschlossen
www.ristorantedellacarra.ch

Gutes Preis-Leistungs-Verhältnis:
Osteria Chiara, Locarno-Muralto

Tipp 9

Drinnen in der Gaststube mit Kamin ist es ebenso gemütlich wie im kleinen Garten unter der Pergola. Der junge Koch verleiht klassischen südländischen Gerichten stets einen kreativen Twist. Er arbeitet mit guten Frischprodukten und belässt ihnen den Eigengeschmack, sei es ein Wolfsbarschfilet mit getrockneten Tomaten oder ein Rindscarpaccio mit Artischockenscheiben. Der Service überzeugt mit herzerwärmender Gastlichkeit, und die Weinkarte führt viele regionale Tropfen mit Qualität und fairem Preis. Freilich schwärmen auch viele andere von der «Osteria Chiara». Darum ist ohne Reservation kaum ein Platz zu ergattern.

6600 Locarno-Muralto
Vicolo dei Chiara 1
Telefon 091 743 32 96
Sonntag und Montag geschlossen
www.osteriachiara.ch

Frische Fische:
Cittadella, Locarno

Tipp 10

In der lebendigen Trattoria im Erdgeschoss gibt es vom grillierten Fisch bis zur Pizza alles, was zu einem populären Tessiner Restaurant gehört. Im traditionell dekorierten, atmosphärisch etwas ältlich wirkenden Ristorante im ersten Stock wird der Gast mit ambitioniert zubereiteten Fisch- und Meerfischspezialitäten verwöhnt. Das Cocteau-Zitat «La mer est le ciel des poissons» («Das Meer ist der Himmel der Fische») steht als Motto auf der Menükarte – und wer in romantischen Dachzimmern im Herzen der Altstadt übernachten will, kann sich auch hier wie im siebten Himmel fühlen.

6600 Locarno
Via Cittadella 18
Telefon 091 751 58 85
Montag geschlossen, im Juni/Juli auch am Sonntag
www.cittadella.ch

Cool und weltläufig:
Sensi, Locarno-Muralto

Tipp 11
Fantastische Salate, leckere Pasta- und Risotto-Variationen, Fleisch und Fisch vom Grill, ausserdem ein thailändisches Gemüsecurry mit Riesencrevetten – hier zu essen ist die reinste Freude. Zwar mag es den einen oder anderen Gast im cool gestylten Restaurant mit Fensterfront zur Küche zunächst etwas frösteln, doch die warmherzige Servicecrew und das lebhafte Ambiente machen das wieder wett. An warmen Tagen lockt die schöne Terrasse unter alten Bäumen.
6606 Locarno-Muralto
Viale Verbano 9
Telefon 091 743 17 17
Täglich geöffnet
www.ristorante-sensi.ch

US-Beef aus dem 800 Grad heissen Ofen:
Giardino Lago, Minusio

Tipp 12
Aus dem kultigen «Ristorante Navegna» an der autofreien Seepromenade von Minusio wurde im Herbst 2011 das «Giardino Lago», ein Treffpunkt für Life- und Beachstyle, mit eigenem Bootssteg, 15 zeitgemässen (wenn auch sehr kleinen) Gästezimmern, schmuckem Restaurant (dessen Highlight das US-Black-Angus-Beef aus dem 800 Grad heissen Hochleistungsofen ist) und spektakulärer Lounge-Terrasse auf der ersten Etage mit weitem Blick über den Lago Maggiore. Das «Giardino Lago» ist kein Touristen-Ghetto wie so manches Lokal am Seeufer, sondern schafft den Gästemix aus lokaler Bevölkerung und trendbewussten Tessinbesuchern.
6648 Minusio
Via alla Riva 2
Telefon 091 743 34 43
Täglich geöffnet
www.giardino-lago.ch

Legendärer Gorgonzola-Steinpilz-Risotto:
Ristorante Centovalli, Ponte Brolla

Tipp 13
An der Gabelung von Valle Maggia und Centovalli erwartet Sie der vielleicht beste Risotto des Kantons, begleitet von einer Grillade Ihrer Wahl, dazu ein knackiger Gartensalat, der in grossen Schüsseln serviert wird. Ansonsten beschränkt sich das Angebot im «Ristorante Centovalli» auf wenige traditionelle Tessiner Gerichte, die frisch und ausgezeichnet zubereitet werden. Wenn das Wetter schlechte Laune hat und die Steintische unter der schönen Pergola nicht benutzt werden können, werden die Sinne auch innen gut bedient. In der dezent gestylten Gaststube stellt sich auch bei Regen Ferienstimmung ein. Allerdings werden Sie von Ostern bis Herbst keinen einzigen Platz ergattern können, ohne vorher reserviert zu haben.
6652 Ponte Brolla
Telefon 091 796 14 44
Montag und Dienstag geschlossen
www.centovalli.com

Familiär und gemütlich:
Antica Osteria del Porto, Lugano

Tipp 15
Ausblick und Ambiente auf der Uferterrasse im Schatten zweier alter Platanen sind Tessin pur, doch ohne Ethnokitsch und «Züridüütsch»-Invasionen. Auch das Interieur des meist ausgebuchten Lokals gegenüber dem Parco Ciani ist geschmackvoll schlicht und lädt zum Bleiben ein. So wichtig den beiden Inhabern Paolo Gabriele und Franco Bassi eine täglich wechselnde Marktküche ist, so wichtig sind ihnen die Gäste. Mit verbindlicher Herzlichkeit sorgen sie für ihr Wohlbefinden.

6900 Lugano
Via Foce 9
Telefon 091 971 42 00
Dienstag geschlossen
www.osteriadelporto.ch

Mediterrane Heiterkeit
Dellago, Melide

Tipp 14
Es ist nicht allein die moderne Crossover-Küche, die hier zufrieden stimmt. Es ist der freundliche Service, das Plätschern des Wassers unter der schönen Restaurantterrasse, die wohltuende Wärme der Luft und das wunschlose Glück, das sich hier zu erfüllen scheint. Gastgeber René Probst zaubert auch bei Regen die Sonne in sein heiter eingerichtetes Lokal. Das Weinangebot hält sich an die südländische Devise, dass man zum Essen nicht unbedingt teure Spitzenweine zu trinken braucht – was sich auf angenehme Weise in der Rechnung niederschlägt. Wen die Wein-Lounge in höhere Sphären versetzt hat, erwarten in den oberen Stockwerken 21 einfache, verspielt mediterran eingerichtete Zimmer (siehe Seite 18).

6815 Melide
Telefon 091 649 70 41
Täglich geöffnet
www.hotel-dellago.ch

Tessiner Spitzenweine:
Bottegone del Vino, Lugano

Tipp 16

Ein allseits geschätzter Ort der Begegnung mitten in Lugano. Man sitzt sich nahe oder kommt sich schnell näher und gehört bald, ob man will oder nicht, zur Familie. Es gibt klassisch italienische Tagesgerichte, doch vor allem Weinfans kommen ins Schwärmen: Fast alles, was im Tessiner Weinbau Rang und Namen hat (und auch weniger bekannte Gewächse junger Winzer) kann hier probiert werden, viele Spitzenweine auch glasweise.

6900 Lugano
Via Magatti 3
Telefon 091 922 76 89
Sonntag geschlossen

Grandiose Aussicht auf Luganersee und Stadt:
AnaCapri, Lugano

Tipp 17

Das ehemalige «Ristorante Al Trenin» vis-à-vis dem Bahnhof von Lugano ist nach einem aufwändigen Umbau als «AnaCapri» neu auferstanden. Highlight ist die fantastische Terrasse, auf der man sich in Rio de Janeiro glaubt, aber auch das puristisch gestaltete Interieur lädt zum Bleiben ein. Auf der Speisekarte stehen zwei Dutzend Pizze, diverse Sommersalatvariationen, Rindscarpaccio mit Parmesan, Lammrücken und Goldbrasse vom Grill, gedämpfter Steinbutt mit Gemüsepotpourri. Das Gesamterlebnis macht Freude, zumal man herzlich locker und doch professionell bewirtet wird.

6900 Lugano
Via Clemente Maraini
Telefon 091 922 53 00
Täglich geöffnet
www.anacapri.ch

Liebenswerter Familienbetrieb:
Ristorante Stazione, Tesserete

Tipp 18

Wer das authentische Tessin sucht, findet es in diesem unprätentiösen Restaurant, das etwas erhöht über dem Busbahnhof von Tesserete liegt und seit über achtzig Jahren von der Familie Besomi geführt wird. Es verfügt über eine grosse Sommerterrasse und einen attraktiven Kinderspielplatz. Auf der Speisekarte stehen diverse Pasta-, Fisch- und Risottogerichte, Gnocchi, bunte Gemüse und Salate, Coniglio mit Polenta. Alles ist tadellos zubereitet und wird freundlich serviert, und beim Verlassen des Lokals kann man sich darüber freuen, dass man für ein stimmiges Essen nicht sein Konto plündern musste.

6950 Tesserete
Telefon 091 943 15 02
Mittwoch geschlossen
www.besomi-stazione.ch

Klein und fein:
Al Böcc, Vico Morcote

Tipp 19

Wie friedlich es hier doch ist! Wie schön die Lage an der kleinen Piazza des hübschen Dorfes. Nichts stört die Idylle auf der angenehm beschatteten Terrasse, und wenn ein Sonnenuntergang das Bild abrundet, fühlt man sich in den tiefen Süden versetzt. Die Risottogerichte (wahlweise und je nach Saison mit Spargel, Safran, Trüffel, Seeigel, Rindsfilet oder Ossobuco), das Thunfisch-Tatar mit Minze, die Sepia-Tagliolini mit frischem Hummer und die Weine aus Italien und dem Tessin passen bestens. Auch drinnen ist alles so, dass man den Alltag rasch und gern vergisst.
6921 Vico Morcote
La Piazza
Telefon 091 980 26 27
Mittwoch geschlossen
www.bocc.ch

Ein Hauch von immerwährenden Ferien:
La Sorgente, Vico Morcote

Tipp 20

Eine heitere Gelassenheit liegt über der schönen Kiesterrasse mit den langen Granittischen. Man blickt über die Dächer des Postkartendorfs Vico Morcote und den Luganersee und weiss, dass man im Tessin angekommen ist. Für kulinarische Extravaganzen gibt es hier keinen Platz – niemand erwartet sie an diesem Ort –, aber die Küche stützt sich auf gut zubereitete italienische Gerichte, Risotto, Fisch und Fleisch vom Grill, Salate, hausgemachte Teigwaren und ein leckeres Himbeer-Tiramisu. Selbst wenn man den besten Wein bestellt, gelingt es kaum, das Portemonnaie ernsthaft zu belasten.
6921 Vico Morcote
Telefon 091 996 23 01
Montag und Dienstag geschlossen (im Juli und August Montag, Dienstagmittag und Samstagmittag geschlossen)
www.lasorgente.ch

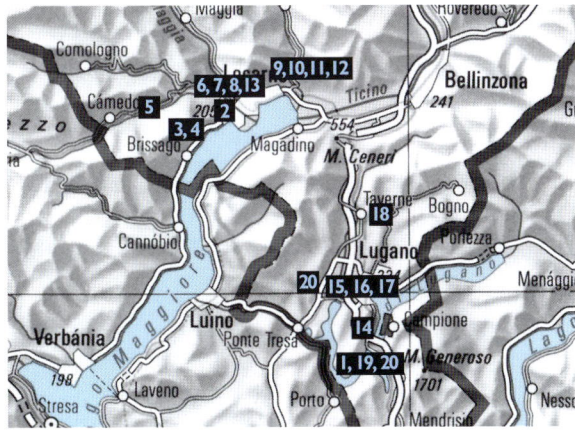

Kulinarisch und atmosphärisch authentisch:
Grotto Grassi, Tremona

Tipp 1

Grotto? Eine Grotte, einst eine in den Berghang getriebene Höhle, zugemauert oder mit einem kleinen Vorbau, als privater Vorrats- und Weinkeller. Die Bauern waren Selbstversorger und wollten das Wenige, das sie ihren kargen Äckern und Rebbergen abrangen, unbeschadet durch den Winter und den heissen Sommer bringen. Im Laufe der Zeit begannen die Besitzer, das Nützliche mit dem Angenehmen zu verbinden und richteten ihr Grotto gemütlich ein, mit Kamin im Innern und Sitzgelegenheiten im schattigen Freien, als Ort familiärer Geselligkeit. Irgendwann wurden aus den Grotti regelrechte Wirtschaften. Ihre Lauschigkeit, ihr intimer Charakter zogen Besucher magisch an. Bocciabahnen wurden gebaut, die Tischrunde erweitert. Einige Grotti konnten ihre Ursprünglichkeit bis ins 21. Jahrhundert aufrechterhalten, wie etwa das Grotto Grassi am Waldrand vom Tremona. Schön kühl ist es hier an den Steintischen unter den Kastanienbäumen, wo Tessiner Grossfamilien bei Tontaubenschiessen und Boccia ihr Wochenende zu verbringen scheinen. Die Besitzer verarbeiten in der Küche all das, was die Natur in der nächsten Umgebung anbietet. So begegnet man hier dem klassischen Speisenangebot der Region und stellt fest, dass die «Cucina povera», die Küche der armen Leute, so arm nicht ist: Würste, Formaggini und Minestrone, nach Rosmarin und Thymian duftende Braten mit Steinpilzrisotto und natürlich Polenta mit Kaninchen – und dazu einige feine Merlots aus dem umliegenden Mendrisiotto. Den schönen Ausblick auf den Luganersee gibt es als Gratiszugabe.

6865 Tremona, Telefon 079 353 94 04, Juni, Juli und August: täglich geöffnet ausser Montag, April bis Mai und September bis Oktober: Donnerstag bis Sonntag geöffnet

Tessiner Idylle im hinteren Maggiatal:
Grotto Pozzasc, Peccia

Tipp 2

Die geheimsten Geheimtipps sind natürlich längst keine mehr, selbst im abgelegensten Tessiner Dorf wird von Frühling bis Herbst vornehmlich und vernehmlich Deutsch und Schweizerdeutsch gesprochen. Doch keine Bange, man findet sie immer noch und immer wieder, die Grotti, die Spass machen, weil sie ein unverfälscht authentisches Ambiente und gut gemachte regionale Spezialitäten bieten. Wer sich etwa von der dreiviertelstündigen Anfahrt von Locarno ins Marmordorf Peccia im hinteren Maggiatal sowie einem romantischen Holpersträsschen durch den Wald nicht abschrecken lässt, wird mit einer Oase belohnt, die diesen Begriff noch wirklich verdient. Man sitzt an grossen Granittischen über einem winzigen, glasklaren Bergseelein (in dem man im Sommer baden kann), und rundherum ist nichts als Ruhe und Natur pur. Aus der Küche kommen Trockenfleisch- und Käseteller, Salate sowie Polentavariationen zu fairen Preisen. Das Grotto Pozzasc hat Tradition und entsprechend viele treue Gäste. Reservieren empfiehlt sich, spätestens vor der Abfahrt in Locarno.

6695 Peccia, Telefon 091 755 16 04, Montag geschlossen

Logenplatz über dem Lago Maggiore:
Grotto Borei, Piodina

Tipp 3

Hoch, sehr hoch über Brissago liegt der Weiler Piodina und an atemberaubender Aussichtslage am Waldrand dieses authentische Grotto, das mit einer würzig-rustikalen Tessiner Küche überzeugt. Zu den kulinarischen Naturerlebnissen gehören Minestrone, Risotto mit Braten, Polenta mit Kaninchen, Saltimbocca und hausgemachter Alpkäse. Hauseigene Ziegen und Rinder weiden rund ums Haus. Die Kellnerinnen sprechen nicht unbedingt fliessend «Züridüütsch», bedienen aber freundlich und bleiben angenehm gelassen, wenn ein Gast Extrawünsche äussert.

Piodina
Via Ghiridone
6614 Brissago
Telefon 091 793 01 95
Donnerstag geschlossen

Mitten im alten Ascona:
Grotto Baldoria, Ascona

Tipp 4

Menükarte gibt es keine, doch was in diesem urchigen Grotto im Gassengewirr von Ascona (hinter dem Hotel Tamaro) aufgetischt wird, ist durchwegs lecker, sei es die Schüssel knackfrischer Gartensalate, der Trockenfleisch- und Käse-Vorspeisenteller, das Pastagericht mit richtig knoblauchiger Pestosauce oder der Rindsbraten mit Polenta zum Hauptgang. Das Flohmarktdekor und die engen Sitzverhältnisse mögen nicht jedermanns Sache sein, doch die authentisch zubereiteten Speisen und das heitere Ambiente machen dies wieder wett.

6612 Ascona
Vicolo S. Omobono 9
Telefon 091 791 32 98
Täglich geöffnet
www.grottobaldoria.ch

Dolce Vita mit Blick auf San Salvatore und Monte Brè:
Grotto San Rocco, Caprino

Tipp 5

Am besten erreicht man dieses unprätentiöse Grotto mit dem Kursschiff ab Lugano. Der Bootsanleger ist gleich nebenan, man sitzt unter einer Pergola direkt am Wasser und blickt auf die Luganeser Bucht mit San Salvatore und Monte Brè – was insbesondere bei Sonnenuntergang ein magisches Erlebnis ist. Serviert werden Brasato mit Erbsen und Polenta, Maispoulardenbrust mit Gorgonzolaspinat und Rosmarinkartoffeln oder ein Felchenfilet in Kräuterkruste. Spezialität sind die «Grigliate miste» (gemischte Platten mit Grilliertem) in verschiedenen Variationen. Wer gar nicht mehr weg will: Ein aussichtsreiches Gästezimmer für zwei bis drei Personen lädt zum Bleiben ein (120 bis 165 CHF).
6823 Caprino
Via San Rocco 3
Telefon 091 923 98 60
Täglich geöffnet
www.grottosanrocco.ch

Sicherer Wert für anspruchsvolle Esser:
Antico Grotto Ticino, Mendrisio

Tipp 6

Das Edelgrotto am Hang über Mendrisio setzt kulinarisch auf das aussergewöhnlich gut gemachte Einfache. Was am Morgen auf dem Markt angeboten wird, kommt am Abend auf den Tisch, tadellos und ohne Schnickschnack zubereitet. Spezialität ist der Brasato, der in Rotwein marinierte und mit Lorbeer, Pfeffer, Knob-lauch, gehackten Zwiebeln und Karotten gewürzte Rindsbraten. Auch Kartoffelgnocchi an Butter und Salbei oder Polenta mit Gorgonzola schmecken bestens – und an manchen Abenden sind die Gäste deutscher oder schweizerdeutscher Zunge hier sogar in der Minderheit.
6850 Mendrisio
Via alle Cantine 20
Telefon 091 646 77 97
Mittwoch geschlossen
www.grottoticino.ch

Inmitten der grünen Rebenflut:
Grotto dei Tigli, Balerna

Tipp 8
Wenn Bacchus eine Region besonders gesegnet hat, dann gehört es in der Regel zur Tradition der heimischen Küche, zu versuchen, hier mitzuhalten. So ist man nicht überrascht, auch im Grotto dei Tigli, das sich mitten im Rebenmeer des Mendrisiotto befindet, typisch regionale Gerichte gereicht zu bekommen, deren Zubereitung durchweg hohes Lob verdient, angefangen von einem ausgezeichneten Coniglio mit Polenta über die hausgemachten Involtini mit Steinpilz-risotto bis hin zum köstlichen Merlot-Sorbet. Und am richtigen Wein zu den genossenen Köstlichkeiten fehlt es hier natürlich auch nicht!
6828 Balerna
Telefon 091 683 30 81
Montag und Dienstag geschlossen

Moderne Grotto-Interpretation:
Grotto Castelgrande, Bellinzona

Tipp 7
Mitten in der Tessiner Hauptstadt, auf dem mächtigen Talfelsen, thront das in den neunziger Jahren aufwändig restaurierte Castelgrande. Als dort oben der Stararchitekt Mario Botta zur 700-Jahr-Feier der Schweiz sein Festzelt hinsetzte, wurden nicht nur die Deutschschweizer aufmerksam auf Bellinzona. Die Stadt selber erwachte aus ihrem Dornröschenschlaf. Wem nach einem Bummel rund um die Piazza Collegiata nach einem schönen Wein mit Wurst und Käse ist, findet auf einem grasbewachsenen Mauervorsprung der imposanten Burganlage eine aktualisierte Ausgabe eines Grotto, wunderschön stilsicher gestaltet, mit weitem Blick über die Ebene von Magadino, dem fruchtbaren Gemüsegarten der Schweiz.
6500 Bellinzona
Telefon 091 814 87 81
Montag geschlossen
www.castelgrande.ch

Kulinarisch und atmosphärisch authentisch:
Grotto Morchino, Lugano Pazzallo

Tipp 9
Von Lugano-Paradiso kurvt man auf der schmalen Strasse hoch nach Carona zu Füssen des Monte San Salvatore, weg vom Getöse und Getue unten am See, rechts und links schwirren Zitronenfalter im Schatten von Palmen, und schliesslich taucht kurz vor dem Ortseingang von Pazzallo das «Grotto Morchino» auf. Kein Ziegenstall mit Ethno-kitsch und Carparkplatz, sondern ein freskenverziertes, behutsam renoviertes Häuschen mit gemütlicher Gaststube, Weingewölbe und pittoresker Terrasse unter mächtigen Buchen und Kastanienbäumen. Seit 1842 ist dieses Grotto im Besitz der Familie des heutigen Gastgebers Pierluigi Olgiati. Dem charismatischen Patron liegt viel an der lokalen Identität und der naturverbundenen Küche seines legendären Lokals, das der Schriftsteller und einstige Stammgast Hermann Hesse in der Erzählung «Klingsors letzter Sommer» verewigte. Ob Steinpilzrisotto, Gemüse-salat, Kaninchen mit Polenta oder Luganighe an Zwiebel-sauce – immer besticht hier tadelloses Handwerk zu genussfreundlichen Preisen.
6912 Lugano Pazzallo
Via Carona 1
Telefon 091 994 60 44
Montag und Samstagmittag geschlossen
www.morchino.ch

Aussen urchig, innen modern:
Grotto Pedemonte, Verscio

Tipp 10
Das schöne Grotto von Monica und Ugo Beretta l iegt im historischen Teil von Verscio an der Kantons-strasse. Man sitzt unter einer schattigen Weinrebenpergola, isst eine würzige Minestrone Ticinese oder einen herz-haften Brasato mit Polenta und zum Abschluss eine Torta di pane – eine Brottorte, die in ihrer Einfachheit so viel anderes Schnörkeliges zu übertrumpfen vermag.
6653 Verscio
Telefon 091 796 20 83
Täglich geöffnet

Ehemaliger Steinbruch:
Grotto Raffael, Losone

Tipp 11

Losone muss man zwar nicht unbedingt gesehen haben, der Ort lohnt aber mindestens wegen des Grotto Raffael einen Abstecher. An den Berg gelehnt, in einem ehemaligen Steinbruch, befindet sich dieses angeblich älteste und tatsächlich besonders stimmige Tessiner Grotto, das an langen Steintischen unter mächtigen Platanen einfache Tessiner Spezialitäten anbietet. Gut bedient ist man mit Brasato, dem in Rotwein marinierten und mit Lorbeer, Pfeffer, Knoblauch, gehackten Zwiebeln und Karotten gewürzten Rindsbraten, der gerne zu Polenta oder Steinpilzrisotto gegessen wird. Zum guten Ende ist ein Gläschen selbstgebrannter Grappa goldrichtig, denn allzu leicht kann es passieren, dass das herzhafte Essen allzuviel des Guten ist ...
6616 Losone
Vicolo Canaa 21
Telefon 091 791 15 29
Montag geschlossen

Alte Mühle am rauschenden Bach:
Grotto la Risata, Arcegno

Tipp 12

Die Lage könnte romantischer kaum sein, auf dem Weg von Losone nach Arcegno, am Eingang des Dorfes, wo sich zwei Bäche verbinden. An den Granittischen unter schattigen Ulmen, Buchen, Ahorn- und Kastanienbäumen mischen sich Einheimische und deutsche Golfer, und man fühlt sich wohl bei einem Merlot vor der alten Mühle. Kulinarisch bietet es mehr als ein normales Grotto: Spezialitäten sind Saltimbocca, hausgemachte Tagliatelle con panna e funghi, Ravioli an Basilikum und zum Abschluss ein Tiramisu, alles sehr sicher und gekonnt zubereitet. Für den kleinen Hunger empfiehlt sich ein Plättchen mit Formaggini oder Salami und Coppa. An kalten Tagen kann man sich ins «Stübli» zurückziehen, das allerdings nur 25 Plätze hat.
6618 Arcegno
Telefon 091 792 15 14
Montag geschlossen

Postkartenreifer Anblick:
Grotto du Rii, Intragna

Tipp 13

Am Eingang des Centovalli drängen sich die authentischen Tessiner Grotti dicht an dicht. Besonders malerisch – je nach Geschmack auch etwas kitschig – ist das Grotto du Rii, eine ehemalige Mühle am Dorfausgang von Intragna. Die gemütliche Terrasse liegt direkt an einem rauschenden Wasserfall über einer tiefen Schlucht. Aus einem grossen Steinbecken kann man sich seine Bachforelle selber aussuchen. Wer keine Lust auf Fisch hat, bestellt Risotto mit Luganighe oder auch Spaghetti in diversen Variationen. Wer sich für rustikales Ambiente erwärmen kann, wird sich auch im Speisesaal oder in den vier einfachen Gästezimmern rundum wohl fühlen.
6655 Intragna
Telefon 091 796 18 61
Mittwoch geschlossen
www.grottodurii.ch

Bilderbuch-Tessin: Grotto America, Ponte Brolla

Ab ins Grüne: Grotto Sassalto, Caslano

Tipp 14

Das Grotto erinnert mit seiner Ambiance etwas an die Fünfzigerjahre, als der Massentourismus im Tessin erstmals erblühte und Ponte Brolla am Eingang des Maggiatals zu einem Mekka für Grotto-Besucher machte. Tatsächlich ist fast jedes Haus in Ponte Brolla ein Grotto und das «Grotto America» eines der ältesten im ganzen Kanton. Geführt wird es heute von Mitch Buvoli, einem jungen ehemaligen Snowboard-Profi. Aus dem originalen Vorratskeller werden regionale Käse- und Wurstspezialitäten, Merlot und Gazosa aufgetischt. Danach bester Brasato und hausgemachte Gnocchi – einfach und köstlich. Im Schatten unter den riesigen Kastanienbäumen lassen sich hier insbesondere an schwülen Sommertagen schöne Stunden verbringen.

6652 Ponte Brolla
Telefon 091 796 23 70
Täglich geöffnet
www.grottoamerica.com

Tipp 15

Im Wald oberhalb von Caslano (Strässchen in Richtung Stremadone) versteckt sich dieses bemerkenswert stimmungsvolle, liebenswert geführte und kulinarisch anspruchsvolle Grotto, dessen zwei Terrassen auf den Luganersee blicken. Bei schlechtem Wetter, werden die Sinne auch drinnen gut bedient. Aus der Küche kommen Brasato, Kaninchenfilet, fangfrischer Fisch nach Marktangebot, Risotto mit Erdbeeren und Spumante, regionale Käse- und Trockenfleischspezialitäten. Im Keller lagern fast alle Topgewächse, die im Tessin produziert werden – Vater der Gastgeberin Frédérique Klausener ist der renommierte Winzer Eric

Klausener. Insgesamt ein toller Ort, um abzuschalten und einen schönen Abend mit Freunden zu verbringen.

6987 Caslano
Via Stremadone 65
Telefon 091 600 90 94
Montag und Dienstagmittag geschlossen, ausserhalb der Sommermonate auch Dienstagabend
www.grottosassalto.ch

Sympathischer Familienbetrieb:
Grotto Figini, Sorengo

Tipp 16

In Sorengo, an der Strasse Lugano–Ponte Tresa, biegt man nach links Richtung Gentilino ab und gelangt so über die erste Abzweigung nach rechts direkt zum äusserst stimmungsvollen Grotto Figini, wo sich kinderreiche Familien sonntags nach der Kirche treffen und unter schattigen Kastanienbäumen eine ebenso einfache wie gute Hausmannskost geniessen. Die Karte liest sich entsprechend kurz: Polenta e coniglio, e brasato, e ossibuchi, e funghi. Trotzdem ist das Grotto Figini ein kleiner Lichtblick auf der Collina d'Oro, die sonst hauptsächlich auf kulinarische Massenabfertigung ausgerichtete Grotti zu bieten hat.
6925 Gentilino
Via ai Grotti
Telefon 091/994 64 97
Montag geschlossen

Wer sucht, der findet:
Grotto Eremo di San Nicolao, Somazzo

Tipp 17

Ganz leicht ist es nicht, das lauschige Grotto neben dem mittelalterlichen Wallfahrtskirchlein am Fusse des Monte Generoso aufzuspüren, aber mit Pfadfinderausbildung und offenen Augen werden auch Sie den Weg in die Einsiedelei finden, die hoch über Mendrisio am Berg klebt (etwa zwei Kilometer nach Somazo nach links halten). Eine herrliche Aussicht übers ganze Mendrisiotto bis hin zum Monte Rosa ist Ihnen ebenso gewiss wie ein halbes Dutzend einfacher, gut gemachter Tessiner Spezialitäten.
6872 Somazzo
Telefon 091 646 40 50
Montag geschlossen

Bodenständige Tessiner Kochkunst:
Grotto Pan Perdü, Carona

Tipp 18

Eine der lohnendsten Wanderungen von Lugano aus – von Paradiso auf den Monte San Salvatore, über dessen Rücken nach Carona und via Alpe Vicania nach Vico Morcote – führt an einem besonders stimmungsvollen Grotto vorbei. Das Pan Perdü («verlorenes Brot») liegt auf halbem Weg in Carona, etwas versteckt in den Bäumen, mit grosser Aussichtsterrasse und einem gemütlichen Speise-saal mit Kamin und Grill. Ausgezeichnete hausgemachte Würste und Teigwaren, Polenta, Risotto und frische Pilze. Freilich schwärmen viele andere auch davon. Darum sind die Granittische draussen schnell besetzt.
6914 Carona
Telefon 091/649 91 92
Montag geschlossen

Gute-Laune-Grotto auf der Collina d'Oro:
Grotto Flora, Bigogno d'Agra

Tipp 19

Das Ambiente ist drinnen wie draussen gemütlich, zahlreiche Gäste scheinen das romantisch gepflegte Grotto auf der Collina d'Oro von Lugano zu ihrem privaten Wohnzimmer erkoren zu haben. Unter den Gästen kennt man sich schnell, es geht geradezu familiär zu und her. Eine Speisekarte gibt es nicht, die Wirtin Flora Macconi-Bertosini trägt die Spezialitäten am Tisch vor: saftiges Fleisch vom Grill, Costine (Schweinsrippchen),

Gemüse und Salate aus der eigenen Gärtnerei – und dazu einige gute Merlots zu vernünftigen Preisen. Wer etwas zu tief in den gut gefüllten Weinkeller geblickt hat, kann in einem der sieben einfachen Gästezimmer übernachten.

6927 Bigogno d'Agra
Via Municipio 8
Telefon 091 994 15 67
Montag sowie mittags geschlossen, Sonntag mittags und abends geöffnet
www.grottoflora-bnb.ch

Gut gehütetes Geheimnis:
Grotto dell'Ortiga, Manno

Tipp 20

Genau die Art von Grotto, die man gerne seinen Freunden vorführt. Pergolaüberdeckter Innenhof, heiter stimmende Gaststuben, aufmerksamer Service – und die Speisekarte ist eine einzige Verführung: Sämige Risottovariationen, Bollito misto mit püriertem Gemüse, Lammkarree mit aromatischen Kräutern, wunderbare lokale Käse und «Gelato fatto in casa», um ein paar der Verlockungen zu nennen. Da das Auffinden des rustikalen Dörfchens Manno im Malcantone und des «Grotto dell'Ortiga» nicht ganz einfach ist (am besten die Anfahrtsbeschreibung auf der Website ausdrucken!), gibt es hier keine Zufallsgäste. Wer hierherkommt, weiss warum. Und behält diesen Flüstertipp am besten für sich.

6928 Manno
Strada Regina 35
Telefon 091 605 16 13
Sonntag und Montag geschlossen
www.ortiga.ch

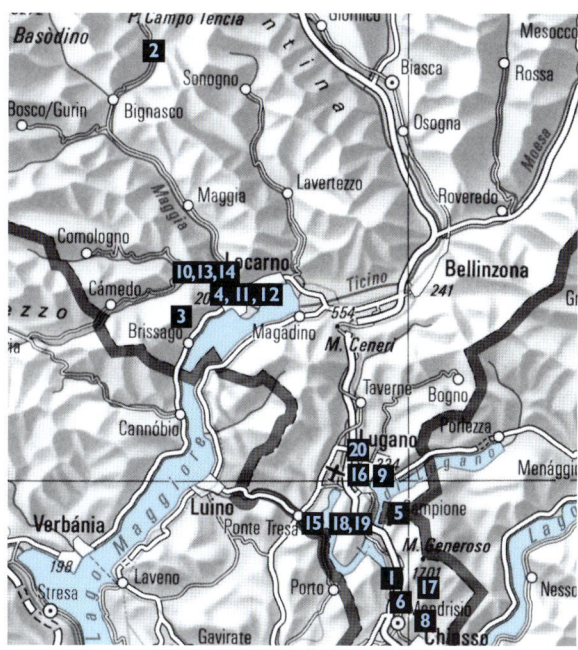

Tempel der Nacht:
Vanilla Club, Riazzino

Tipp 1

Mitten im stürmischen Ozean von rasanten Partys, hippen Events und wechselnden
Locations gibt es einen Fels in der Brandung der Nightclub-Szene der italienischen Schweiz.
Der «Vanilla Club» in Riazzino bei Locarno lockt mit sechs Dancefloors, spektakulären
Events und heissen Latino- und House-Rhythmen. Mit 25 ist man noch voll dabei, mit
30 kommt man sich schon relativ alt vor, und ist man erst mal 35, fühlt man sich hier wie
seine eigene Grossmutter oder sein eigener Grossvater und verspürt das dringende
Bedürfnis nach dem ersten Facelifting. Oft wollen mehr hinein als eingelassen werden.
6595 Riazzino, Via Cantonale, Telefon 091 840 91 62, Freitag und Samstag von 23 bis 5 Uhr
geöffnet, www.vanillaclub.com

Mix aus Wiener Kaffeehaus und italienischem Grand Café:
Grand Café Al Porto, Lugano

Tipp 2

Das Grand Café Al Porto inmitten der Altstadt ist für Lugano das, was «Sprüngli» für Zürich ist: Ein ebenso schicker wie lebendiger Treffpunkt, wo sich ältere Damen aus gutem Hause auf die verlockenden Torten stürzen, während übermüdete Banker ihren dritten Espresso bestellen. Jeder wird von jedem gesehen und kann jeden beobachten und dabei doch allein sein. Gelungen ist der innenarchitektonische Mix aus wienerischem Kaffeehaus und italienischem Grand Café – immerhin stammen die Räumlichkeiten aus dem Jahr 1803. Und die Köstlichkeiten aus der integrierten Panetteria, Pasticceria und Confiserie – allen voran die fantastischen Amaretti – sind eine Klasse für sich.

6900 Lugano, Via Pessina 3, Telefon 091 910 51 30, Montag bis Samstag 8–18.30 Uhr geöffnet, www.grand-cafe-lugano.ch

Drehscheibe von Lugano:
Piazza della Riforma, Lugano

Tipp 3

Die autofreie, von repräsentativen Bürgerhäusern des 19. Jahrhunderts umgebene Piazza im Zentrum Luganos wird nach Feierabend zur Drehscheibe der Stadt – eine grosse Bühne, um zu schauen, um zu geniessen und vor allem, um gesehen zu werden. Am bequemsten natürlich von einem der lebhaften Boulevardcafés aus. Im «Federale» und im «Vanini» sitzen die regionalen «Working-Class-Heroes» und die gesellschaftlichen Gipfelstürmer, die jede und jeden zu kennen scheinen. Die Inszenierung der eigenen Person steht im Vordergrund, und so ist ein Drink auf der Piazza Riforma zur frühen Abendstunde um einiges genüsslicher als eine normale Theatervorstellung.

Treffpunkt am Wasser:
Delta Beach Lounge, Ascona

Tipp 4

Sehen ist gut. Gesehen werden ist besser. Am besten ist aber, wenn man alle übertrumpft – ein immerwährendes Spiel in der hoch frequentierten «Delta Beach Lounge» neben dem Lido-Strandbad von Ascona. Das lässig gestylte Lokal, das Bar, Musikclub und Restaurant zugleich ist und über eine weitläufige Seeterrasse verfügt, ist ein Laufsteg der regionalen Jungszene, die dem üblichen Tessin-Groove entkommen will. An den Wochenenden stehen oft Live-Konzerte sowie Tanz- und Food-Events auf dem Programm.
6612 Ascona
Via Lido 82
Telefon 091 791 40 60
Täglich 11–1 Uhr geöffnet
www.deltabeach.ch

Süffige Atmosphäre:
Caffè Festival, Locarno

Tipp 5

Die prominente Lage wenige Schritte unterhalb des Bahnhofs macht diese Café-Bar zum In-Treff der aufgestellten Jung-Szene. Geht die Sonne über dem glitzernden Lago Maggiore unter, ist das Ferien-Feeling perfekt. Anheizende Latino- und House-Rhyth-

Weltstädtisch modern:
Villa Saroli Smokers Lounge, Lugano

Sommerlicher «Place to be»:
Sea-Lounge und Seven Lounge & Bar, Ascona

men, stilvolles Innendekor und ein attraktives, tüchtiges Team. Angenehm entspannte Atmosphäre nachmittags auf der schönen Terrasse unter den Arkaden des ehemaligen Seilbahngebäudes aus dem Jahr 1926.
Viale Balli 2
Telefon 091 752 12 59
Montag bis Samstag
7.30–1 Uhr geöffnet
www.caffe-festival.ch

Tipp 6
Wie eine Trutzburg der Neuzeit steht das von Architekt Mario Botta entworfene Gebäude der ehemaligen Banca del Gottardo im Zentrum von Lugano. Im Erdgeschoss versteckt sich das urban gestylte Restaurant «Villa Saroli» mit Smokers Lounge. Letztere erfreut mit einem aufmerksamen Service und der ganzen Palette an Single Malts, Armagnacs und Cocktails sowie einer grossen Auswahl an Zigarren.
Viale Franscini 8
Telefon 091 923 53 14
Montag bis Freitag
11–24 Uhr geöffnet
www.villasaroli.ch

Tipp 7
In den bequemen Lounge-Sofas, von denen man auf den Jachthafen von Ascona und die einheimischen Schönheiten blickt, wird der Abend zur Nacht, und die endet erst, wenn den Gästen in einem Zustand höherer Glückseligkeit die Augen zufallen. Die «Sea Lounge» liegt unterhalb des Restaurants «Seven» (siehe Seite 21), das hier auch kleine Köstlichkeiten serviert. Ist es zum Open-Air-Schaulaufen zu kühl, lädt die «Seven Lounge» mit Bar und Kamin zum gestylten «Chill-out» bei Cocktails, «Stuzzichini» und feinen Offenweinen ein.
Via Moscia 2
Telefon 091 780 77 77
Sea Lounge im Sommer täglich 11–1 Uhr geöffnet, in der Vor- und Nachsaison 11–18 Uhr, Seven Lounge & Bar, täglich 11–1 Uhr geöffnet

Swingende Live-Musik:
Giardino Bar-Lounge, Ascona

Tipp 8
Bei einem guten Hotelmusiker vergessen die Gäste, dass sie nach dem Abendessen ins Zimmer gehen und am nächsten Morgen zeitig aufstehen müssen. Ein schlechter Hotelmusiker leert die Hotelhallen zu früher Stunde. Das «Duo Billet», bestehend aus der charismatischen Sängerin Barbara Billet und dem Pianisten Paolo Frigerio, sorgt für ein swingendes Ambiente, spielt jedem Stammgast seinen Lieblingssong und hat einen so hohen Feelgood-Faktor, dass auch viele externe Gäste abends den Weg ins Luxushotel «Giardino» finden.
Via Segnale
Telefon 091 785 88 88
Täglich 11–24 Uhr geöffnet
www.giardino.ch

Lebendiger Treffpunkt zu jeder Tageszeit:
Giardino Lounge e Ristorante, Ascona

Tipp 9
Das Luxushotel «Giardino» ist immer wieder gut für eine Überraschung – auch ausserhalb des Hotels. Im Sommer 2010 eröffnete es dieses trendige Lounge-Restaurant mit Boulevardterrasse im Ortszentrum neben der Post. Für das Design war Architekt Matteo Thun verantwortlich, im Mittelpunkt steht der vertikale Garten – was hier wörtlich zu nehmen ist. In legerer Atmosphäre lässt es sich zu jeder Tageszeit ungezwungen etwas trinken oder eine Kleinigkeit essen. Die Wireless-LAN-Verbindung gibt es gratis dazu.
6612 Ascona
Viale Bartolomeo Papio 1
Telefon 091 791 89 00
Montag bis Samstag 9–1 Uhr geöffnet
www.giardino-lounge.ch

Freier Blick über den Lago Maggiore:
Yachtsport Resort Bar, Brissago

Tipp 10
Das direkt am See liegende «Yachtsport Resort», ein Haus voller schiffsarchitektonischer Anklänge (siehe Seite 16), zelebriert die Faszination, die vom Yachtsport und dem damit verbundenen Lebensgefühl ausgeht. Auch in der eleganten Hotelbar kommt maritime Stimmung auf. Hier kann man genüsslich mit dem Lago-Maggiore-Panorama verschmelzen und die ein- und auslaufenden Segel- und Motorboote beobachten. Neben unzähligen Cocktails gibt es als Spezialität (und weitere Liebhaberei des Hausherrn Jörg Wolff) mehrere Hundert verschiedene schottische Single Malt Whiskys, mit Schwerpunkt auf den küstennahen Islay-Whiskys. Raucher begeben sich in die Smokers Lounge mit einer gediegenen Aus-

wahl an Zigarren aus Kuba und der Dominikanischen Republik.

6614 Brissago
Telefon 091 793 12 34
Täglich 11–23 Uhr geöffnet
www.yachtsport-resort.com

Feiner Platz unter dem Castelgrande:
Cremeria Bar 700, Bellinzona

Tipp 11

Das mit sicherer Hand gestaltete Lokal am Fuss des Castelgrande ist Bellinzonas beste Adresse für einen Drink oder ein gutes Glas Wein. Es ist zugleich Frühstückscafé, Bistro und Apérobar. Da die sozialen Schichten in Bellinzona zur Vermischung tendieren, trifft man hier auf gestandene Trendsetter, kultivierte Nipper, mausarme Studentinnen, coole Romantiker, Touristen und Businessleute.

Piazzetta M. Della Valle
Telefon 091 826 48 30
Täglich 7–24 Uhr, Freitag, Samstag 7–1 Uhr geöffnet

Live-Musik seit 1984:
Paso Music, Gorduno-Bellinzona

Tipp 12

«Good drinks, good music, good mood!» Nach diesem Motto funktioniert diese kultige Café-Bar, die auch als Konzertlokal dient. Freitags und samstags stehen Blues-, Rock- und Funk-Konzerte auf dem Programm, sonst immer laut und rhythmisch bis 1 Uhr, am Wochenende bis 3 Uhr.

Pasinetti
Gorduno
Telefon 091 892 02 96
Dienstag geschlossen
www.pasomusic.ch

It's Showtime:
Discoteca Morandi, Lugano

Tipp 13

Der ultimative Treff für gestylte Nachtschwärmer über 30 Jahren (Frauen über 25) und Luganos Kultdisco Nummer 1. Nach Mitternacht strömen die auffälligsten und gegensätzlichsten Figuren herein und sorgen für eine explosive Mischung. Dann fehlt nicht viel, und man fühlt sich wie in einem Pariser Tempel der Nacht.

Via Trevano 56
Telefon 091 971 22 91
Mittwoch und Donnerstag 22.30–3 Uhr, Freitag/Samstag bis 5 Uhr geöffnet

Fixstern am nächtlichen Firmament:
Habana Disco Club, Bellinzona

Tipp 14

Aus der «Discoteca Ramarro» wurde der «Habana Disco Club»: Der unlängst renovierte Tanzschuppen, bekannt für sein vielseitiges Musikprogramm von Pop über Latino-Salsa bis House, erfreut sich eines anhaltenden Erfolgs bei nachtaktiven Tessinern in den Zwanzigern und Dreissigern. Frauen zeigen viel Haut und führen künstlerische Frisuren aus, Männer brillieren mit fitnessclubgestählten Bodys und Cabrioschlüsseln.

Via Franco Zorzi 19
Freitag, Samstag 23–5 Uhr geöffnet
www.habanadiscoclub.ch

Bewährter Party-Tempel: Living Room, Lugano

Bunt gemischte Gästeschar: Bar Lungolago, Locarno

Tipp 16

Ein Dauerbrenner unter den Szenetreffs Luganos. Viele bekannte DJs legen hier auf, der musikalische Schwerpunkt liegt auf zeitgemässen House- und R & B-Sounds.
Via Trevano 89a
Telefon 091 970 15 17
Donnerstag 20–3 Uhr, Freitag und Samstag 22–5 Uhr geöffnet
www.livingroomclub.ch

Tipp 15

Das hoch frequentierte Lokal von Bruno D'Addazio ist mehr als eine Bar: Hier begegnen sich Schick und Mick, Krethi und Plethi, Partyfans und Bonvivants – vom ersten Espresso am frühen Morgen über den Aperitivo nach Feierabend bis zum Schlummertrunk nach Mitternacht. Es gibt kleine Häppchen und tolle italienische Weine, Pizza und Gelati, manchmal Live-Konzerte und immer Ferienstimmung wie am Mittelmeer.
6600 Locarno
Telefon 091 751 52 46
Täglich 7–1 Uhr geöffnet
www.lungolago.ch

Très chic: ClubSeventy7, Ascona

Tipp 17

Der neuste Streich aus dem Hause Seven: Ein Nightclub direkt neben dem Ristorante Seven in der Kurve der Seepromenade. Live-Musik-Abende wechseln sich mit thematischen Events und DJ-Rhythmen verschiedener Musikrichtungen ab. Mittwochs ist «Ladies Night» (freier Eintritt und ein freier Drink für Ladies).
Via Moscia 2
Telefon 079 777 98 77
Montag bis Samstag ab 23 Uhr geöffnet (Juni bis September)
www.clubseventy7.ch

Klassisch-mondäne Hotelbar: Bar Villa Principe Leopoldo, Lugano

Tipp 18

Wer in die Bar der Villa Principe Leopoldo geht, begibt sich eigentlich auf ein Schiff. Auf einem Schiff sein heisst allem, wovon man sonst umgeben ist, für einige Zeit entronnen sein. Denn an

Bord dieses Luxusdampfers stellen sich die Dinge schlechthin anders dar, als man sie in mürrischer Wirklichkeit wahrnimmt. Man kann hier, was einen sonst bedrängt, mit Distanz betrachten – als Passagier erster Klasse. In dieser vornehmen Ambiance, in der grosser Wert auf perfekten, standesgemässen Service gelegt wird, treffen sich die, die nicht bloss eilig saufen wollen, sondern meditieren und parlieren können – die, die in einer klassischen Hotelbar des Lebens Ärgernisse schwänzen und für eine gemessene Bar-Abendandacht unerreichbar sein wollen. Im Sommer ist die phänomenal schöne Bar-Terrasse des prunkvollen Palazzo der ultimative Geheimtipp für kultivierte Nipper.
Via Montalbano 5
Telefon 091 958 88 55
Täglich bis 1 Uhr geöffnet
www.leopoldohotel.ch

Treffpunkt am See:
Al Porto Café Lago, Locarno-Muralto

Tipp 19

Ein Ort, wo man morgens seinen Cappuccino trinkt, mittags ein Panino isst und sich nachmittags mit Freunden zu einem Stück Kuchen trifft. Es locken diverse Süssigkeiten aus der «Al Porto»-Confiserie. Die Panettoni und Amaretti sind ein schönes Mitbringsel für die Lieben daheim – wenn sie nicht schon vorher vernascht werden.
Viale Verbano
Telefon 091 743 56 83
Dienstag bis Sonntag 8–20 Uhr geöffnet, in den Sommermonaten 8–23 Uhr
www.alporto.ch

Grand-Jeux in der Schweiz:
Casino di Lugano

Tipp 20

Das Spielcasino Lugano will Campione d'Italia auf der gegenüberliegenden Seeseite den Rang ablaufen. Gespielt wird an 26 Spieltischen und 350 flimmernden Slotmaschinen, und im oberen Stock gibt es mit dem aussichtsreichen Restaurant «La Perla» einen sicheren Wert auch für Nichtspieler.
Via Stauffacher 1
Telefon 091 973 71 11
Täglich 12–4 Uhr, Freitag und Samstag bis 5 Uhr
www.casinolugano.ch

Highlight des Tessiner Kultursommers:
Filmfestival Locarno

Tipp 1

Jedes Jahr verwandelt sich Locarno während zehn Tagen in der ersten Augusthälfte in eine Metropole des Films und seine Piazza Grande zu einem riesigen Open-air-Kino für 8000 Zuschauer. Abend für Abend kommt der magische Moment, in dem sich die Nacht über den mediterran anmutenden Platz senkt, der Scheinwerfer um punkt zehn Uhr auf den nahen Kirchturm schwenkt und «la voce» ankündet: «Il festival internazionale del film di Locarno presenta ...» Filmkritiker nehmen neue Streifen kritisch unter die Lupe, Produzentinnen treffen Regisseure und Schauspieler, und Kinoliebhaberinnen tauchen in die Retrospektive ein. Im Anschluss an die Vorführungen auf der gigantischen Grossleinwand trifft sich die Filmwelt in den Strassencafés und Bars der Altstadt. Möglich macht diesen Anlass namentlich der Kanton Tessin. Er steuert 2,6 Millionen Franken zu dem auf über 9 Millionen Franken angewachsenen Budget bei. Natürlich hofft das Tessin, dass sich diese Investition auszahlt. Die Hotels und Restaurants der Region machen ihre Geschäfte mit den rund 150 000 Festivalbesuchern. Die Medienberichte übers Festival tragen Locarnos Namen weit über die Landesgrenzen hinaus, und den Tessinern öffnet das Filmfestival umgekehrt ein Fenster zur Welt. Wie schade, dass dieses stets nur so kurz offen bleibt.

Anfang August, Programmauskünfte unter Telefon 091 751 03 33, www.pardo.ch

Stimmiges Kleinkunsttheater:
Teatro Dimitri, Verscio

Tipp 2

Das kleine Dörfchen Verscio ist zum Mekka der Theaterliebhaber geworden, seit dort der inzwischen weltbekannte Clown und Pantomime Dimitri in seinem rumdum stimmigen Kleintheater mit stillen und grotesken Nummern sein Publikum verzaubert. Das Teatro Dimitri veranstaltet im Sommerhalbjahr zahlreiche Tanz-, Theater- und Musikvorstellungen mit bekannten internationalen Gastkünstlern (wer hier einen Auftritt erreicht, gilt in der Szene als arriviert). Zudem werden die eigenen Produktionen mit Dimitri selbst und der hauseigenen Truppe, der Compagnia Teatro Dimitri, gezeigt. Das Kleintheater befindet sich in einem sanft restaurierten und ausgebauten alten Gemäuer mitten im Dorf. Mit zur prickelnden Szenerie gehören die Theaterbar, das Restaurant und der stimmungsvolle Innenhof.

Die angeschlossene Scuola Teatro gilt als Talentschmiede, Dimitris Theaterschule umfasst eine dreijährige Ausbildung in Pantomime, Akrobatik, Tanz, Jonglage, Maskenbau, Theater-improvisation, Stimmbildung sowie speziellen Ausdrucksformen wie etwa der Commedia dell'arte. Nicht die Arbeit mit und an Texten wird hier gelehrt, sondern die Arbeit mit und am eigenen Körper. Immer wieder müssen Barrieren abgebaut, Grenzen überwunden werden, die auf dem Weg zum wahren Künstler hinderlich sind. In einem Interview meinte der professionelle Grimassenschneider Dimitri einst: «Einer meiner ‹Tricks› ist, oft zu lächeln, denn ich wünsche mir, dass es ansteckend wirkt. Ich wünsche mir das so sehr, dass es schliesslich gar kein Trick mehr ist ...»

Programmauskünfte und Reservation unter Telefon 091 796 15 44 (Vorverkauf: Montag bis Freitag 9–12 und 14–17 Uhr sowie an Vorstellungstagen 17–20.30 Uhr), www.teatrodimitri.ch

Zauberhafte Filmnächte:
Cinema a Castelgrande und Cinema al Lago

Tipp 3
Filmfestival: Das heisst nicht zwangsläufig in muffigen Kinos sitzen. In Bellinzona (Castelgrande) und in Lugano (Lido) werden während einigen Wochen im Juni und Juli jeden Abend, wenn es dunkel geworden ist, exklusive Vorpremieren, Reprisen von kürzlich gelaufenen Filmerfolgen und natürlich Klassiker zum Wiedersehen gezeigt. Das Kinoerlebnis unter freiem Himmel und vor märchenhafter Kulisse ist wie in anderen Schweizer Städten ein Dauererfolg. Von möglichen Regengüssen lässt sich niemand abschrecken, und dass an der frischen Luft keine numerierten Sitze erhältlich sind, hält ebenfalls niemanden ab.
Bellinzona: Anfang bis Ende Juni Programmauskünfte unter Telefon 091 825 21 31 Lugano: Ende Juni bis Anfang August, Programmauskünfte unter Telefon 091 913 32 32 www.cineman.ch

Subtil komische Spektakel:
Teatro del Chiodo, Bellinzona

Tipp 4
Das kleine Teatro del Chiodo (= Nagel, fixe Idee) ist ein Geheimtipp und will es bleiben. Darum gibt es keinen festen Spielplan. Doch wenn gespielt wird, sei es Kabarett (Italienischkenntnisse von Vorteil!), Pantomime, Clownerie oder Kleinkunst vom Feinsten, trifft es den Nagel auf den Kopf.
Piazza Fontana Bellinzona Telefon 091 825 21 31

Musica, musica:
Concerti di Locarno

Tipp 5
Der musikalische Reigen des reich befrachteten Tessiner Veranstaltungskalenders wird jeweils Mitte März mit den Concerti di Locarno eröffnet. In der Kirche San Francesco, im Innenhof der Burg Castello Visconteo, in der Kirche San Vittore von Muralto, in der Casa Rusca und im Saal des ehemaligen Regierungsgebäudes an der Piazza Grande wird Kammer-, Chor- und Orchestermusik für (fast) jeden Geschmack gespielt.
März bis Juni Programm und Reservation unter Telefon 091 751 03 33

Junge Solisten:
Progetto Martha Argerich Lugano Festival

Tipp 6
Lugano ist seit dem Jahr 2001 Gastgeber dieses aufstrebenden «Kammermusikgipfeltreffens» («Die Welt»). Es präsentiert junge Solisten, die in zahlreichen Konzerten neben Virtuosen von Weltruf eine breite Auswahl interessanter Werke zu Gehör bringen. Speziell: An manchen Abenden treten bis zu zehn Solisten auf.
Ganzer Juni Informationen unter Telefon 091 803 91 23 www.rsi.ch/argerich

Grosse Gefühle:
Castelgrande Opera, Bellinzona

Tipp 7
Berühmte Opern im magischen Rahmen der grössten und ältesten Burg von Bellinzona versprechen die viel beachteten Freilichtaufführungen etwa von «Il Barbiere di Siviglia» oder «Carmen». Die numerierten Plätze kosten zwischen 75 und 138 Franken.
An 7 aufeinanderfolgenden Tagen Mitte Juli Programmauskünfte unter Telefon 091 825 21 31

Im Schatten der Burgen:
Piazza Blues, Bellinzona

Tipp 8

Der Tessiner Sommeranfang steht im Zeichen des Blues: Am letzten Juni-Wochenende lockt die Freilichtveranstaltung Piazza Blues zahlreiche Jazzfans nach Bellinzona. Das Programm bestreiten halbe-halbe ausländische und heimische Künstler. Damit es Nachtschwärmern nach den Konzerten auf diversen Piazzas, in den Gassen und Restaurants nicht langweilig wird, finden im «Habana Disco Club» (Via Zorzi 19) jeweils Jam Sessions statt, die bis zum Morgengrauen dauern. Mit Ausnahme dieser Jam Sessions ist der Eintritt an die Konzerte des Piazza Blues frei.

Ende Juni
Programmauskünfte unter
Telefon 091 825 21 31
www.piazzablues.ch

Heisse Rhythmen:
JazzAscona, Ascona

Tipp 9

Die eingeladenen Musiker bringen puren New-Orleans-Jazz, Soul, Blues, Gospel und Burlesque nach Ascona. Es gibt nur einen Unterschied: Hier heissen die Bourbon Street und das French Quarter eben Piazza und Lungolago. Während zehn Tagen und Nächten wird hier ein Nonstop-Musik-Programm geboten: Open-Air-Konzerte auf vier verschiedenen Bühnen im Herzen der Altstadt und an der Seepromenade, Jazz-Dinners in verschiedenen Restaurants, Brass-Band-Paraden und zum Abschluss eine grosse Gala-Night.

Ende Juni/Anfang Juli
Programm und Reservation
unter Telefon 091 791 00 90
www.jazzascona.ch

Beste Musik zum Nulltarif:
Estival Jazz, Lugano

Tipp 10

Alles wird teurer, das Estival Jazz bleibt gratis: Das grösste unter den kleinen Jazzfestivals in Europa kommt dem Musikgeniesser entgegen. Denn auf der Piazza della Riforma stimmt die Stimmung, ist Open House unter freiem Himmel. Neben schrägen Tönen sind viele internationale Top-Stars wie Chick Corea, Ray Charles und Herbie Hancock zu hören, die sich freuen, in Lugano in kleinem, aber feinem Rahmen auftreten zu dürfen. Ganz selbstverständlich hängen diese Gestressten des Musikbusiness eine Woche Ferien in der traumhaften Gegend an.

Ende Juni/Anfangs Juli
Programmauskünfte unter
Telefon 091 913 32 32
www.estivaljazz.ch

Orgelwerke im Gambarogno:
Festival internazionale di musica organistica, Magadino

Tipp 11

Das internationale Festival für Orgelmusik, das im Juli jeweils dienstags und freitags in der akustisch hervorragenden Dorfkirche von Magadino stattfindet, wurde anfangs der sechziger Jahre von einem kleinen Grüppchen von begeisterten Musikfachleuten ins Leben gerufen. Heute gehört es zu den anspruchsvollsten und renommiertesten Kulturereignissen, die das Gambarogno zu bieten hat, und ist zu einem festen Bestandteil des Tessiner Kulturgeschehens geworden.
Juli
Programm und Reservation unter Telefon 091 795 18 66
www.organ-festival.ch

Lichtersymphonie über dem See:
1.-August-Feuerwerk in Lugano und Ascona

Tipp 12

Ein Sommernachtstraum ist jeweils das Feuerwerk-Spektakel im Golf von Lugano und über dem Himmel von Ascona. Die speziell choreo-grafierten Kunstfeuerwerke zum Schweizer Nationalfeiertag bezaubern einen Abend lang Besucher und Einheimische. Für das leibliche Wohl sorgen Open-Air-Lokale entlang der Seepromenaden. Ausserdem stehen einige Angebote zur Verfügung, das beeindruckende Spektakel auf dem See zu geniessen. Die lokalen Verkehrsvereine geben darüber Auskunft.
1. August
Informationen unter Telefon 091/913 32 32 (Lugano) und Telefon 091 791 00 90 (Ascona)

Eldorado für Pferdefans:
Concorso Ippico internazionale/ CSI, Ascona

Tipp 13

Während vier Tagen im Juli dreht sich in Ascona alles ums Pferd: Die Pferdeausstellung mit Ponyreiten, Kutschenfahrten und grossem Showprogramm im Parco dei Poeti bietet ein stimmungsvolles Umfeld für die internationale Springkonkurrenz. Seit 1996 gibt es eine Neuerung am CSI. Nebst den acht internationalen Springprüfungen sind neu drei Prüfungen mit jungen Pferden im Alter von sechs bis sieben Jahren eingeplant. Dies um den Reitern die Möglichkeit zu geben, mit vier Pferden anzutreten und die Nachwuchspferde Wettkampfluft schnuppern zu lassen und Erfahrungen zu sammeln. Die Aussicht auf ein spektakuläres Fest, das in wenigen Jahren zu einem gesellschaftlichen Ereignis geworden ist, und das dicke Preisgeld locken jedes Jahr viele prominente Reiter ins Tessin.
Ende Juli
Informationen unter Telefon 091 791 68 68
www.csi-ascona.ch

Musik liegt in der Luft:
Blues to Bop Festival, Lugano

Tipp 14

Das Blues to Bop Festival ist ein Riesenfest, das die gesamte Innenstadt von Lugano belebt, bis hin zur Kathedrale, wo zum Abschluss jeweils ein stimmiges Gospelkonzert stattfindet. Vier Abende, geprägt von Musik der verschiedensten Stilrichtungen, von den Anfängen des Jazz bis zu Tessiner Rap, von irschem Folk über Blues und Soul zu Funk, von der Country- bis zur Worldmusic. Die Vielfalt hat mit der Entstehungsgeschichte zu tun. Der Anlass ist aus verschiedenen kleineren, spezialisierten Veranstaltungen zusammengewachsen. Noch heute hat das Festival drei künstlerische Leiter, die sich jeweils um einen Teilbereich kümmern. Alle Konzerte sind gratis und finden bei jedem Wetter statt.

Ende August
Programmauskünfte unter
Telefon 091 913 32 32
www.bluestobop.ch

Junge Musiker:
Ticino Musica, Ascona, Biasca, Lugano, Maggia, Minusio, Monte Carasso, Porza, Rovio, Sonvico, Sorengo

Tipp 15

«Ticino Musica» ist eine Begegnungsstätte für junge Musiker aus aller Welt, die durch die künstlerische Arbeit mit international anerkannten Dozenten ihren kulturellen Horizont erweitern und ihr musikalisches Erleben vertiefen, um so eine Grundlage für einen erfolgreichen Weg ins Berufsleben zu schaffen. Während den letzten zwei Juliwochen stehen Meisterkurse, diverse Konzerte und Musikausstellungen auf dem Programm.

Mitte bis Ende Juli
Informationen unter
Telefon 091 980 09 72
www.ticinomusica.com

Weltliga der Kammermusik und grosser Orchester:
Settimane Musicali, Ascona und Locarno

Tipp 16

Die Settimane Musicali in Ascona und Locarno hatten in den vergangenen 50 Jahren fast alle hochkarätigen Musiker zu Gast. Präsident Dino Invernizzi bemüht sich Jahr für Jahr um ein umfangreiches und anspruchsvolles Programm, das sich trotz vergleichsweise bescheidenen Finanzen und beschränkten Konzert-Infrastrukturen mit internationalen Musikfestspielen durchaus messen kann. In den Kirchen San Francesco und Collegio Papio erleben Liebhaber klassischer Musik neben weltberühmten Sinfonieorchestern grosse und kleinere Kammerensembles, Solisten und Gruppen. Eine wichtige Stütze ist seit Jahren das Orchestra della Svizzera Italiana – es ist sozusagen das Hausorchester der Musikfestwochen.

Ende August bis Mitte Oktober
Programm und Reservation unter Telefon 091 785 19 65
www.settimane-musicali.ch

Folkloristischer Augen- und Gaumenschmaus:
Winzer- und Herbstfeste

Tipp 17
An den alljährlichen Winzer-, Kastanien- und Herbst-festen in der Altstadt von Bellinzona, in Locarno-Monti, in Mendrisio, auf der Piazza Riforma in Lugano sowie in Ascona steht eine Reihe musikalischer und folkloristischer Veranstaltungen auf dem Programm. Zudem können die Gäste probieren und geniessen, was Küchen und Keller des Tessins bieten.
Mitte September bis Mitte Oktober
Informationen unter
Telefon 091 825 70 56

Schlittschuhlaufen auf der Piazza Grande:
Locarno on Ice, Locarno

Tipp 18
Früher war die winterliche Piazza Grande ein trister Anblick, doch seit dort zur Weihnachtszeit ein grosses Eisfeld steht, der Himmel voller Discokugeln leuchtet und diverse Iglu-Bars Glühwein und Grappa anbieten, hat es fast so viele Menschen wie im Sommer. Der Weihnachtsmarkt und die kostenlosen Jazzkonzerte drumherum passen bestens.
Anfang Dezember bis Anfang Januar
www.locarnoonice.ch

Einziges erhaltenes neoklassizistisches Theater der Schweiz:
Teatro Sociale, Bellinzona

Tipp 19
Man denkt unweigerlich an das Kinogebäude aus dem Film «Cinema Paradiso», wenn man die Geschichte des Teatro Sociale in Bellinzona hört. Mitte des letzten Jahrhunderts gebaut, wurde das Theater in den 50er-Jahren dieses Jahrhunderts zum Kino umfunktioniert. 1971 flimmerte der letzte Film über die Leinwand. Von da an wartete der einstige Zeuge des Aufbruchs nur noch auf den Abbruch. Dank einer Rettungsaktion in letzter Minute präsentiert sich seit Herbst 1997 das Teatro Sociale, abgesehen von der modernen Bühnentechnik, wieder so, wie es vor 150 Jahren gebaut wurde. Obwohl im Miniformat konzipiert, steht es einem grossen Theater in nichts nach. Auch liebevoll tapezierte Kleinstlogen fehlen nicht. Die Nähe zu den Künstlern auf der Bühne sorgt für eine

Poetisch:
Compagnia
Teatro Paravento,
Locarno

Tipp 20

Ehemalige Schüler der Scuola Teatro Dimitri gründeten Anfang der 80er Jahre die Compagnia Teatro Paravento. Ihren Sitz fanden sie in einem alten Oratorium neben der Bibliothek von Locarno. Was sie daraus grösstenteils mit eigenen Händen geschaffen haben, macht den Reiz der Atmosphäre dieses Kleintheaters aus. Die beiden geschäftsführenden Schauspieler Miguel Angel Cienfuegos und Luisa Ferroni verarbeiten in ihren Stücken verschiedenste Theatertechniken. Pantomime, Commedia dell'Arte und Stummfilm sind Grundlagen, auf denen Komik und Tragik,

aktuelles Geschehen und Geschichten der Vergangenheit zu neuen, eigenen Bildern geraten. Wenn die beiden nicht gerade auf Tournee im Ausland sind, zeigen sie dem Locarneser Publikum ihre stets sehr poetischen Produktionen.
Via Cappuccini
Spielplan-Auskunft
und Reservation unter
Telefon 091 751 93 53
www.teatro-paravento.ch

intime Atmosphäre. Auf dem Programm stehen Musik (Klassik, Jazz und Folklore), Theater, Cabaret und Tanz.
Piazza Governo 1
Spielplan-Auskunft
und Reservation unter
Telefon 091 820 24 44
www.teatrosociale.ch

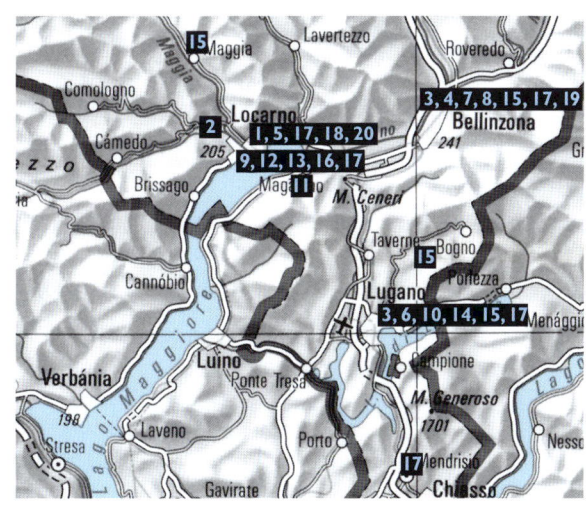

Sehen, riechen, schmecken:
Mercato del Sabato, Bellinzona

Tipp 1

Voller Leben und dicht gedrängt mit Einkäufern fürs Wochenende ist der «mercato del sabato» in Bellinzona. «Zehn Franken das halbe Kilo Baumnüsse – ah Signore, so günstig kriegen Sie die nie wieder! Und probieren Sie mal die Mischung aus Basilikum, Bohnenkraut und Salbei, aus Majoran, Thymian und Rosmarin! Eine Messerspitze davon ins Kaninchenragout, eine Prise an den Lammbraten, eine Handvoll über die Pizza gestreut, schon werden Sie als Maestro gefeiert!» Schön trägt er das vor, der schnauzbärtige Gemüse- und Früchtehändler mit seinem zerfurchten Gesicht. Vorbei an Schlachtern, die Salami, Hasen und Würste an Haken haben. Dann duftet es wieder nach Käse, frischem Brot und Feigen. Nebenan feilscht eine Hausfrau, verstaut schliesslich ihr Huhn zwischen Lauchstengeln, Kohlköpfen und Aprikosen. Gegenüber ein älterer Herr, der sich vom Händler leuchtend frische Forellen zeigen lässt. Das Essen und das Tessin. Diese Beziehung ist allgegenwärtig und wird immer dann zum Thema Nummer eins, wenn das Wochenende ansteht. Jeden Samstag trifft sich «tutta Bellinzona» auf dem farbenprächtigen Wochenmarkt, der sich von der Piazza Nosetto aus in die Gassen der Altadt hineinzieht. So gegen 12 Uhr werden die Stände abgebaut, der Mensch fühlt sich nach so viel appetitanregender Zurschaustellung hungrig. Deshalb geht man nach dem Einkauf nicht einfach nach Hause, sondern feiert das Wiedersehen oder die Freude am Tag in einem der 20 Restaurants, die jeweils einen besonders preisgünstigen Markt-Mittagsteller, einen «Pranzo del mercato», anbieten. Sämtliche Markt-Menüs veröffentlicht allwöchentlich die Marktzeitung «La Stadera», die beim Verkehrsverein an der Piazza Nosetto gratis aufliegt.
Informationen unter Telefon 091 825 21 31, www.bellinzonaturismo.ch

Bunte Wohn- und Designwelt:
Selvaggio Boutique Galleria d'Architettura, Ascona

Tipp 2

Innenarchitekt Carlo Rampazzi, der in Ascona das Luxushotel Eden-Roc von A bis Z durchgestaltet hat, ist bekannt für sein buntes Interior-Design, das stark polarisiert: Die einen lassen sich davon entzücken, die anderen finden es schlicht schrill. Unbedingt sehenswert ist Rampazzis Boutique «Selvaggio» in der Altstadt von Ascona, wo es eine exklusive Auswahl an Wohnaccessoires zu sehen und zu kaufen gibt, grösstenteils «made by Carlo Rampazzi». Sein Credo: Dinge entwerfen und Häuser in einem Stil einrichten, die keinen Bezug zu einer bestimmten Epoche oder einem Modetrend aufweisen, sondern eine ganz eigene Originalität besitzen und eine Heiterkeit des Seins ausstrahlen.

6612 Ascona, Vicolo Ghiriglioni 3, Telefon 091 785 19 10, www.selvaggio.ch

Brot und süsse Backwaren

Tipp 3

Wo es die leckersten Amaretti und den frischesten Panettone gibt, darüber gehen die Meinungen auseinander. Besonders empfehlenswert ist jedenfalls die Qualität in der Panetteria-Pasticceria Mattei in Ascona sowie der Zanzottera in Brissago. Immer eine gute Adresse für einen süssen Imbiss oder ein kulinarisches Andenken ist Vanini an der Piazza Riforma im Herzen von Lugano. Hier kann man in lebendigem Ambiente feine Marrons-Glacés verschlingen und dabei Leute angucken. Al Porto von Feldpausch unterhält im ganzen Tessin beliebte Konditoreien und verkauft neben Zuckerman-deln, Amarettini und ähnlichen Albträumen für Kalorienzähler auch das beste Valmaggia-Brot – ein grosses, flaches Brot mit einer richtigen Kruste, aus den richtigen Rohproduk-ten, einfach top. Lachen Sie nicht, weil das eine Deutsch-schweizer Firma ist. Die Tessiner können es nicht mehr ...

Fleisch

Tipp 4

Wenn man sich selbst oder die Lieben daheim kulinarisch verwöhnen will, geht man zu Manor Lucullus an der Piazza Grande von Locarno, ein kleines Schlaraffenland, das den Gaumen gehörig kitzelt und aus lauter Vor-freude schon entzückt: Fleisch-, Wurst- und Teig-waren vom Feinsten und dazu aus eigener Produktion. Luganos Tempel der Fein-kost ist Gabbani in der ver-träumten Via Pessina unweit der Piazza Riforma. Das Leckerste vom Leckeren an fleischigen Gaumenfreuden und passenden Zutaten vom zart-saftigen Parmaschinken bis zu knackig-würzigen Luganighe lockt in Auslagen und hinter Theken; kein stilvolles Picknick, keine Barbecue-Party ohne Gabbani (Via Pessina 12). In Bioggio lebt Metzgermeister Gilberto Fusi. Der Beruf scheint ihm eine Lust zu sein, trällert er doch beim Zerteilen seiner Fleischspezialitäten stets ein Lied. Fusis gute Laune rührt von der Gewissheit her, dass er hervorragende Produkte anbietet – neben Fleisch und Salami auch eine gepflegte Auswahl Tessiner Käse und Weine. Ein sicherer Wert für Freunde des Luftge-trockneten ist die Macelleria-Salumeria Equina beim Bahn-hof Lavorgo in der Leventina. Der freundliche Donato Mattioli verkauft hier diverse Salami in bester Qualität sowie die kleinen Salametti (darunter solche von Hirsch, Wildschwein, Gemse und Pferd).

Party-Service

Tipp 5
Ob Apéro auf dem Monte Lema, Firmenjubiläum in der Fabrikhalle, Hochzeit im Gewächshaus oder Gartenparty zu Hause – Isabelle und Mario Hüttenmoser sorgen mit ihrem «Le Gourmet Catering» dafür, dass sich die Gastgeber um nichts anderes als um das seelische Wohl ihrer Gäste kümmern müssen.
Le Gourmet Catering, Locarno
Telefon 091 751 13 31
www.legourmetcatering.ch

Fisch

Tipp 6
Die älteste Kirche des Maggiatales, die Chiesa Santa Maria delle Grazie in Campagna, gibt ein Zeugnis von früheren Tessiner Essgewohnheiten: Hier entdeckt man ein verwittertes Fresco vom Abendmahl und auf dem Teller vor Jesus befinden sich Krustentiere. Es mag sich manches geändert haben in den ehemaligen Fischerdörfern am Lago Maggiore und am Lago di Lugano, aber der Fischfang ist nicht ausgestorben, in den Fischernetzen und an den Angeln zappeln auch heute Bach- und Seeforellen, Flussbarsche, Felchen, Äschen, Egli, Aale und Weissfische, Zander gesellt sich dazu, der Saibling

und der Flusskrebs. Diese reiche einheimische Palette sowie eine Auswahl ausgezeichneter Meerfische finden Sie bei Boato & Franconi in der Altstadt von Locarno (Via Cittadella 17) oder im Gastronomo della Piazzetta in Bellinzona (Piazza della Collegiata 1). Letztere liegt etwas versteckt im Hinterhof, aber wenn Sie die Feinschmeckeradresse einmal gefunden haben, werden Sie sie kaum mit leeren Händen verlassen.

Käse

Tipp 7
Der klassische Tessiner Alpkäse wird in runden Laiben hergestellt und wiegt zwischen 5 und 8 Kilogramm, ihre Namen haben sie oft von der Alp, auf der sie hergestellt werden. Der magere Verwandte dieser Alpkäse ist der Formaggella, mit nur 25 Prozent Fettgehalt und etwas kleiner. Es gibt ihn in vielen Variationen, je nachdem ob er aus Kuh- oder Ziegenmilch gemacht wird und in welchem Keller er reift. Wer diese regionalen Käsesorten möglichst authentisch einkaufen will, für den lohnt sich der Abstecher nach Maggia zu Maurizio Lorenzettis Azienda la Giandaia. Für Formaggini, die frischen Ziegenkäslein der Gegend, sind die Bergbauern im Muggiotal hinter Mendrisio

und der Bioproduzent Pascal Favre im Verzascatal berühmt. Favre bauert im Winter in Brione und übersömmert auf einer Alp über dem Dorf. Will man zu ihm, muss man einen zweistündigen Fussmarsch auf sich nehmen. Er selbst scheut diesen Weg nicht, kommt jeden Donnerstag auf den Markt von Locarno und bietet dort seine viel gerühmten Frischkäslein an (Tel. 091/746 14 61). Nirgends im Tessin besteht ein ähnlich breites Käseangebot wie in der Bottega del Formaggio im Haus gegenüber dem Feinkostladen Gabbani in Lugano: Sämtliche Spitzenprodukte aus den Tälern des Nordtessins und aus dem Mendrisiotto, daneben ein halbes hundert bekannte und weniger bekannte italiensche Sorten, so weit die Nase riecht (Via Pessina 13).

Teigwaren

Tipp 8
Der schöne Anblick verschlägt einem fast den Appetit, und der Magen knurrt: Im Delikatessengeschäft Manor Lucullus an der Piazza Grande in Locarno locken hausgemachte Teigwaren, die einen jede noch so ernst gemeinte Diät sofort wieder vergessen lassen. Hausgemachte Nudeln, Ravioli, Tortellini und Gnocchi in nie gekannten Variationen finden Sie beim Gastronomo della Piazzetta in Bellinzona (Piazza Collegiata 1). Nicht nur haus-, sondern handgemacht sind alle erdenklichen Pastasorten im kleinen, klassischen Teigwarengeschäft Di Lella am Südrand der Altstadt von Bellinzona (Via Camminata 2).

Obst und Gemüse

Tipp 9
Die Düfte locken schon von weitem, die Auslage ist ein Augenschmaus. Und wer Locarno kennt, kommt sowieso in dieses besondere Lebensmittelgeschäft. Früchte, Obst und Gemüse, einheimisch je nach Jahreszeit oder auch exotisch, und dazu eine stattliche Auswahl schöner Weine: Wem im Cattaneo nicht das Wasser im Mund zusammenläuft, dem ist nicht zu helfen (Via G. G. Nessi 12). Ein ähnlich verlockendes Angebot bietet der gleichnamige Obst- und Gemüseladen Cattaneo in Ascona (Via Borgo 39). In Lugano ist Il Frutteto-Gabbani an der Via Pessina 15 die Adresse für Obst und Gemüse.

Lebensmittel ab Hof

Tipp 10
Auf 150 Hektar landwirtschaftlich genutzter Fläche betreiben die Terreni alla Maggia in Ascona nach Richtlinien der integrierten Produktion Ackerbau, Weinbau, Obstbau und eine Geflügelfarm. Die hochwertigen Lebensmittel (Reis, Olivenöl, Weine, Obst, Pasta, Polenta) sind im eigenen Ladengeschäft Negozio alla Fattoria täglich frisch erhältlich. Da weiss man, was man isst und trinkt.
Via Muraccio 105, www.terreniallamaggia.ch

Schmuck

Tipp 11
Eine grosse Auswahl an Reise-, Hand- und Arbeitstaschen, Portemonnaies und Gürteln klassischen Stils präsentiert das Geschäft Brunoni neben der Kirche von Ascona. Ein Erlebnis ist es, von Signor Brunoni selbst bedient zu werden. Stets in massgeschneiderte Anzüge gekleidet, erzählt er Ihnen mit grosser Leidenschaft den Lebenslauf jeder seiner Taschen, die er mehr zu lieben scheint als alles andere auf der Welt (Piazzetta S. Pietro).

Wein

Tipp 12
Nicht selten haben Weinfreunde «ihren» Winzer im Tessin, so wie sie «ihren» Arzt oder «ihren» Anwalt haben. Wer sich einen Überblick über die regionalen Weine verschaffen möchte, besucht am besten die Cantina dell'Orso in der Altstadt von Ascona (Via Circonvallazione 7). Hunderte von Qualitätserzeugnissen aus limitierter Produktion umfasst das Angebot. Nach dem Motto «Jede Flasche hat eine Geschichte» erhalten Interessierte manche Hintergrundinformation zu Lage, Kelterung, Ausbau und Weinmacher.

In der engagiert geführten Weinhandlung finden verschiedentlich Degustationen und Weinpräsentationen im Beisein der Winzer statt. Eine Auswahl feinster Essig- und Öl-Bouteillen sowie diverse Wein-Accessoires runden das Angebot ab. Die ganze Welt des Tessiner Weins eröffnet sich Liebhabern und Kennern auch in der einladenden Bottega del Vino-Gabbani in Lugano (Via Pessina 13) sowie in der Enoteca Castello in Bellinzona (Piazza del Sole). Nicht die grösste, dafür die exquisiteste Auswahl an Tessiner Rebsäften führt das Spezialgeschäft In Vino Veritas in einer kleinen Seitengasse der Piazza Grande von Locarno. Nebst vorzüglichen Weinen aller Preisklassen (die zudem alle mit einer «Identitätskarte» ausgestattet sind) steht hier auch eine Auswahl exzellentester Grappe zum Verkauf (Piazza Grande 20A).

Antiquitäten à discrétion:
Bellerio Antichità, Locarno

Tipp 13

Stundenlang in der Vergangenheit herumstöbern kann man im Antiquitätengeschäft Bellerio Antichità, das sich in einem typischen Locarneser Palazzo mit pittoreskem Innenhof befindet. Die Stilmöbel aus verschiedenen Ländern Europas (England, Spanien, Italien) und Brasilien sind bereits durch das grosse Schaufenster zu bewundern. Viele kleine Gegenstände locken zum Eintreten in die hellen Räume. Im Erdgeschoss blitzen kostbare Gläser, raffiniert geschliffene Karaffen und schweres Silber. In den oberen Etagen reihen und stapeln sich Sessel, Tische, Kommoden und Schränke und lassen den Besucher beinahe die Deckenmalereien aus dem 18. Jahrhundert übersehen. In der eigenen Werkstatt wird sorgfältig restauriert, und der Verkauf von Lieblingsstücken, die allemal ihre besondere Geschichte haben, kann dem Besitzerehepaar Bellerio durchaus zu Herzen gehen.
Via S. Antonio 11
Telefon 091 751 57 94
www.bellerio-antichita.ch

Mode

Tipp 14

Verlässt man Locarnos arg touristischen Shopping-Arkadengang an der Piazza, führen einen die verwinkelten Gässchen zur Via Cittadella und dort zur ausserordentlich originell dekorierten Boutique Il Labirinto. Hier gibt es Damenbekleidung der Schweizer Modemacherinnen Eva Kyburz, Erica Matile und Ida Gut. Es herrschen monochrome Farben vor, dafür glänzen die Kollektionen mit durchdachten Schnitten und spannenden Materialien. Basic-Teile anderer Marken ergänzen das Angebot (Via Cittadella 16). Die Auslage des kleinen Damenmode-Geschäfts Alibi an der Piazza del Sole lässt das Herz jedes Modefreaks höher schlagen (Via Codeborgo 17). Ein paar Schritte weiter, in der Boutique Nuova Eclisse, findet sich junge urbane Mode für Frauen und Männer. Das geschickt zusammengestellte, leicht ausgefallene Sortiment pendelt gekonnt zwischen Casual und Klassik (Via Codeborgo 4). Die grösste Dichte an attraktiven Boutiquen findet sich in Ascona: Die Top-Tipps sind Tribù (Via Borgo 50; Damen und Herrenmode), Balù Donna (Piazza San Pietro 3) und Balù Uomo (Contrada Maggiore 4).

Gehobene Ferienlektüre für verregnete Nachmittage: Libreria della Rondine, Ascona

Tipp 15

Wenn es eine Statistik gäbe über das Verhältnis von Läden zur Bevölkerungsdichte des Ortes – Ascona würde ganz vorne stehen. Das gilt auch für die Buchläden. Die Nummer eins in Sachen deutschsprachiger Information und Geschichten über und aus dem Tessin ist das Antiquariat der Libreria della Rondine in der prächtigen Casa Serodine. Die Atmosphäre der kleinen, verwinkelt angelegten «Schwalbenbuchhandlung» lädt besonders an verregneten Nachmittagen zum Schmökern und Entdecken ein. Neben der umfangreichen Tessin-Literatur finden sich mehrheitlich gute und interessante, oftmals seltene, neue alte Bücher. Die «Libreria» bietet alles andere

als eine Ansammlung von vielleicht gut verkäuflichem, doch banalem Ramsch, wie ihn andere Buch-antiquariate gerne führen (Piazza S. Pietro 6, www.libreriadellarondine.ch).

Schuhe

Tipp 16
Edles Design und Extravaganz sind in der Boutique No. 1 in Ascona (Via Borgo 7) oberstes Gebot. Das vom Tessiner Innenarchitekten Carlo Rampazzi in trendigem Zebralook ausgestattete Geschäft führt Damen- und Herrenschuhe nobler Kreateure. Avantgardistisches für junge Füsse führt Anteprima in Locarno (Piazza dei Capitani). Exklusive und zugleich witzige italienische Damen- und Herrenschuhe guter Qualiät gibt's zu fairen Preisen im Schuhladen Via Roma in Lugano (Corso Pestalozzi 6).

Schmuck

Tipp 17
Der originellste Schmuck-designer im Tessin ist Zoltan Ragasits. Das Scheinwerfer-licht hat sich der eigenwillig kreative Goldschmied hart verdient, jahrelang arbeitete er für Ausstellungen in Galerien und Museen von Zürich über Düsseldorf bis Tokio. Sein Lebensmotto «Nur wer gegen den Strom schwimmt, kommt zur Quelle» (Lao Tse) ist in jeder Nuance in seinem Laden Zoltan Gioielli in der Altstadt von Locarno zu spüren. Hier erwartet den staunenden Besucher jene Prise Extravaganz, die sonst kaum zum Tessin gehört. So sollte man den unermüdlich Experimentierfreudigen auch nicht mit Wünschen belästigen, die sich bei konventionellen Schmuckgeschäften erfüllen lassen. Eingefleischten Individualistinnen aber, die persönliche Einzelstücke aus kostbaren wie speziellen Materialien mögen, kommen in seinem Atelier die Freuden tränen (Via alla Motta 11, Telefon 091 751 64 62, www.zoltan-locarno.ch). Wer in Lugano ein besonderes Schmuckgeschäft sucht, ist bei La Signora degli Anelli in der Fussgängerzone der Altstadt (Via Cattedrale 6, Telefon 076 447 75 45) an der richtigen Adresse.

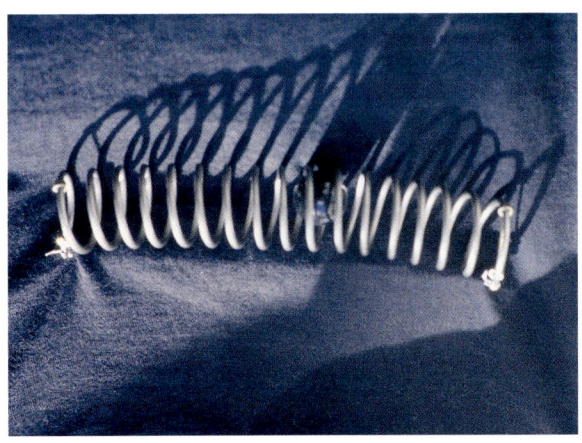

Outlet-Shopping:
Fox Town, Mendrisio, und Navy Boot, Chiasso

Tipp 18

Das Outlet-Einkaufszentrum direkt an der Autobahnausfahrt Mendrisio versammelt in 160 Fabrikläden rund 250 internationale Marken zu Rabatten zwischen 30 und 70 Prozent. Am meisten Raum nehmen Mode-Labels von Gucci über Versace bis Burberry ein, daneben sportliche Marken wie Adidas oder Diesel. Fündig wird auch, wer Schuhe, Brillen, Bettwäsche, Uhren, Haushaltwaren, Kosmetik und Parfums sucht. Übrigens: Auch Navy Boot verkauft ein grosses Sortiment zu beträchtlichen Preisnachlässen ab Fabrik. Ein Teil der Schuhe wird direkt über dem Verkaufslokal hergestellt.

Fox Town
6850 Mendrisio
Via Ang. Maspoli 18
Telefon 0848 828 888
Täglich 11–19 Uhr geöffnet
www.foxtown.ch
Navyboot Company Store
Morbio Inferiore
Viale Breggia 11
Telefon 091 682 16 60
Montag bis Freitag 10–19
Uhr, Samstag 10–18 Uhr
geöffnet
(Autobahnausfahrt Chiasso Nord, dem Schild «Centri commerciali» folgen, dann rechts am McDonalds vorbei in den Viale Breggia)

Märkte

Tipp 19

Marktgänger, die ihre Frischkost am liebsten direkt beim Produzenten kaufen, können dies jeden Donnerstagmorgen auf der Piazza Grande in Locarno, jeden Mittwochmorgen in Ascona, donnerstagnachmittags in Chiasso, am Dienstag- und Freitagmorgen auf der Piazza Riforma in Lugano oder am Samstagmorgen in der Altstadt von Bellinzona tun. Antiquitäten und Kunsthandwerk wird jeweils Dienstag und Freitag morgen im Canovaquartier und samstags auf der Piazza Indipendenza in Lugano feilgeboten. Allerlei Nippes kann man jeden zweiten Samstag morgen auf dem Flohmarkt von Locarno durchstöbern. Um einiges grösser und im Warensortiment vielfältiger als die Märkte im Tessin sind jene in den italienischen Städten am Lago Maggiore: Cannobio (Sonntag), Intra (Samstag) und Luino (Mittwoch). Vor allem Käse, Wurst- und Fleischwaren sind billiger als in der Schweiz; teurer dagegen sind qualitativ gute Schuhe.

Artigianato

Tipp 20

Tessiner Kunsthandwerk an
der Quelle findet man im
Artigianato Pro Verzasca in
Sonogno am hintersten Ende
des Verzascatals. Die Auswahl
reicht von erstklassiger Kera-
mik über Tessiner Holzstühle
mit Strohgeflecht bis hin zu
wunderschönen Seiden-
foulards und phantasievoller
Strickmode. Als Rohstoff
werden so weit wie möglich
einheimische Materialien verwendet, die meist von hoher
Qualität, aber selten billig
sind.

In Beride betreibt Anne
De Haas ein Atelier
für Handweberei (Telefon
091 608 24 40). Ihre Spezialität sind in einem Stück

gewobene Stoffe, die raffiniert zu Jacken, Foulards und
Seidenschals verarbeitet
werden.

Phantasievolle, sorgfältig
gearbeitete Töpferwaren mit
Leben und Charme, wie sie
industrielle Objekte niemals

haben, finden Sie im Atelier
von Regula Hotz in Lisora
(Telefon 091 608 22 45).

Skurrile Eigenwelt:
Monte Verità/Casa Anatta, Ascona

Tipp 1

Es war der Belgier Henri Oedenkoven, der um die Jahrhundertwende den Monte Verità – den Berg über Ascona – zum mystischen Mittelpunkt Europas erklärte und Lebensreformer, Anarchisten, Esoteriker und Nonkonformisten verschiedenster Art um sich scharte. In günstigem Klima, auf neutralem Boden, wurde aufgeklärt gelebt und neue Lebensformen erprobt. Die Atmosphäre des Aufbruchs zog, meist für zeitlich begrenzte Aufenthalte, auch allerlei experimentierfreudige Künstler an, die heute zur europäischen Avantgarde zählen. Den Park auf dem Monte Verità gibt es nach wie vor, er beherbergt neben einigen luxuriösen Villen und dem denkmalgeschützten Seminarhaus im Bauhausstil (siehe Seite 94) auch einen kurios anmutenden Flachdach-Holzpavillon, der 1901 als eines der ersten Gebäude auf dem «Berg der Wahrheit» errichtet wurde und als Wohnsitz der Gründer der Naturalistenkolonie diente. Dieser Pavillon «Casa Anatta» ist Mittelpunkt eines Museumsrundgangs, der über die Geschichte des legendären Bergs informiert und die von Harald Szeemann entwickelte Ausstellung «Le mammelle della verità» («Brüste der Wahrheit») beherbergt. An wenigen Orten kann man so rasch und gründlich in Visionen und Verrücktheiten einer besseren Welt eintauchen wie hier. Allerdings braucht es für einen nächsten Besuch im Museum etwas Geduld: Bei Redaktionsschluss war noch die Restaurierung und Umgestaltung im Gange – es soll Mitte 2012 wieder in neuem Glanz erstrahlen. Bis dahin lohnt sich jedoch auch ein Spaziergang durch die Parkanlagen oder eine der regelmässigen Führungen auf dem «Hügel der Utopien».

Via Collina 84, Telefon 091 785 40 40, www.monteverita.org, geführte Rundgänge von Ostern bis Oktober jeden Sonntag 15 Uhr (60 Minuten)

Geschichtsgrössen in Gips:
Museo Vincenzo Vela, Ligornetto

Tipp 2

Es ist kein Geheimnis, und die Feststellung sei nicht abschätzig aufgefasst: Das Tessin ist trotz seines regen Eigenlebens und aller seiner Sehenswürdigkeiten Provinz. Möchte man sich einmal vom Volksnah-Kunsthandwerklichen der Museen und vom stereotyp Barocken vieler Kirchen lösen, bleibt dem kulturell verwöhnten Feriengast als Nächstliegendes die Fahrt nach Mailand oder aber ein Besuch im Museo Vincenzo Vela in Ligornetto. Die vom Architekten Mario Botta umgebaute herrschaftliche Villa mit weitläufigem Park gehört zu den bedeutendsten Wohnhaus-Museen und Gipsfigurensammlungen Europas. Den Mittelpunkt des Gebäudes, das gleichzeitig als Wohnhaus, Künstleratelier und Privatmuseum diente, bildet ein eindrucksvoller achteckiger Saal, der einst als «Künstlerpantheon» bezeichnet wurde und heute zahlreiche monumentale Original-Gipsmodelle des im 19. Jahrhundert bedeutenden und lange Zeit beinahe vergessenen Bildhauers Vincenzo Vela beherbergt; geschaffen hatte sie der Künstler als Vorlage für Denkmäler (die meisten davon stehen in Italien). Das Museum, das von einem herrlichen Park umgeben ist und nur wenige Meter von der italienischen Grenze entfernt liegt, zeigt auch wertvolle Porträtgemälde von Mitgliedern der norditalienischen Bourgeoisie und des liberalen Adels. Telefon 091 640 70 44, Dienstag bis Sonntag 10–17 Uhr geöffnet, Juni bis September bis 18 Uhr (Mitte Dezember bis Mitte März geschlossen), www.museo-vela.ch

Kunst an der Sonne:
Museo Comunale d'Arte Moderna, Ascona

Tipp 3

In der ersten Hälfte des 20. Jahrhunderts verkehrten zahlreiche Künstler in Ascona. Einige liessen sich dort auch nieder und schenkten dem neu entstehenden gemeinde-eigenen Museum Kunstwerke, gedacht als Grundstock für eine interessante Sammlung, für die später das heutige Museo comunale d'arte moderna eingerichtet wurde. Darunter befinden sich einige grosse Namen der Avantgarde. Unter anderen sind gegenwärtig Bilder von Marianne Werefkin, Paul Klee, Alexej Jawlensky, Richard Seewald, Ben Nicholson, Julio Bissier und Italo Valenti zu sehen.

Via Borgo 34
Auskünfte über Telefon
091 759 81 40
Dienstag bis Samstag 10–12 und 15–18 Uhr, Sonntag und Feiertage 13.30–17 Uhr geöffnet (Januar bis März geschlossen)
www.museoascona.ch

Atelier-Haus:
Museo Epper, Ascona

Tipp 4

Eine Spezialität des Tessins sind die öffentlich zugänglichen Atelier-Häuser von verstorbenen Künstlern. So kann in Ascona die Wohn- und Arbeitsstätte des Schweizer Expressionisten Ignaz Epper (1892–1969) und seiner Frau Mischa, einer aus Holland stammenden Bildhauerin, besucht werden. Zu sehen sind Holzschnitte, Gemälde, Zeichnungen und Aquarelle sowie Figuren aus Bronze, Terracotta, Gips und Lehm. Daneben werden thematische Sonderausstellungen veranstaltet, die mit Künstlern und Kunstströmungen der permanenten Sammlung zusammenhängen. Das Museum befindet sich hinter dem Hotel Eden-Roc, in der Verlängerung der belebten Uferpromenade.

Via Albarelle 14
Auskünfte über Telefon
091 791 19 42, Dienstag bis Freitag 10–12 und 15–18 Uhr, Samstag und Sonntag 15–18 Uhr geöffnet

Archäologische Funde frühgriechischer und spätrömischer Kulturen:
Galleria Serodine, Ascona

Tipp 5

Ein kleines Museum mit freiem Eintritt ist die Galleria Serodine von Yvonne und Fritz Hugelmann (nicht zu verwechseln mit der Casa Serodine, Sitz des Verkehrsvereins). Nicht nur die Lage in einem der ältesten Patrizierhäuser von Ascona ist einmalig. Bemerkenswert sind auch die Gegenstände, die Sie hier sehen und erstehen können. Das Angebot reicht von den frühgriechischen Kulturen (3000 v. Chr.) über die etruskische bis zur spätrömischen Zeit (3. Jh. n. Chr.). Ausserdem finden Sie eine grosse Auswahl rustikaler Möbel aus dem Tessin und anderen Regionen der Schweiz.

Via S. Pietro 9
Telefon 091 791 18 61
Montag bis Freitag 9–12 und 14–18 Uhr, Samstag bis 17 Uhr geöffnet

Kulturelle Begegnungsstätte:
Museo Hermann Hesse, Montagnola

Tipp 6

Im historischen Gebäude-komplex der Casa Camuzzi lebte der Schriftsteller und Nobelpreisträger während vielen Jahren. Hier entstanden «Klingsors letzter Sommer», «Siddhartha», «Narziss und Goldmund», «Der Steppen-wolf» sowie zahlreiche Gedichte, Erzählungen und Aquarelle. Hermann Hesse, seit 1924 Schweizer Bürger, fühlte sich in Montagnola zu Hause; die unvergleichliche Natur und die besonderen Lichtverhältnisse auf der Collina d'Oro hatten es ihm angetan. Das 1997 eröffnete Museum enthält Zeugnisse der letzten 43 Jahre im Leben des Dichters und Malers, der bis zu seinem Tod 1962 in Montagnola gelebt hat (ab 1931 in der Casa Rossa, deren grossen Gemüse- und Blumengarten er selbst bestellte). Im Kino werden Dokumentarfilme in drei Sprachen gezeigt. Zum Pro-gramm gehören ausserdem Veranstaltungen, Vorträge sowie Lesungen aus den Werken Hermann Hesses (jeden Sonntag um 17 Uhr).
Torre Camuzzi
Telefon 091 993 37 70
März bis Oktober täglich 10–18.30 Uhr, November bis Februar nur Samstag und Sonntag 10–17.30 Uhr geöffnet
www.hessemontagnola.ch

Umnutzung alte Zementfabrik:
Zement-Lehrpfad, Parco Breggia / Morbio Inferiore

Tipp 7

Der Geo-Park in der Breggia-schlucht im unteren Teil des Muggiotals bei Chiasso wird um eine Attraktion reicher: Auf dem Gelände eines still-gelegten Zementwerks des Holcim-Konzerns hat die Stiftung «Parco delle Gole della Breggia» einen zwei Kilometer langen didaktischen Rundweg eingerichtet. Auf dem in der Schweiz einzig-artigen Lehrpfad werden die einzelnen Schritte der Zementherstellung erklärt, vom Abbau des Kalksteins bis zum fertigen Produkt.
Parco delle Gole della Breggia
Telefon 091 690 10 29
www.percorsodelcemento.ch und www.parcobreggia.ch

Kunstschätze in ansprechendem Rahmen:
Villa dei Cedri, Bellinzona

Tipp 8

In Bellinzona besucht man ausser den Museen in den drei Burgen Castelgrande, Montebello und Sasso Corbaro auch gerne die Villa dei Cedri, eine angenehme Kunstgalerie in einer neoklassizistischen Villa umgeben von mächtigen Zedern. Den Schwerpunkt der regelmässigen Ausstellungen bildet die figurative Kunst in der Schweiz und in Italien und deren Entwicklung im Verlauf des 19. und 20. Jahrhunderts, zwischen Realismus und Symbolismus. Die zeitgenössische Kunst ist mit Werken regionaler Künstler, in erster Linie lyrisch-abstrakter oder expressionistisch-informeller Prägung, vertreten. Aus der stattlichen druckgrafischen Abteilung vervollständigt eine Auswahl von interessanten Originalzeichnungen und -drucken die im Aufbau begriffene Sammlung.
Piazza San Biagio 9
Auskünfte unter Telefon
091 821 85 20, Dienstag bis
Freitag 14–18 Uhr, Samstag
und Sonntag 11–18 Uhr
geöffnet
www.villacedri.ch

Aussereuropäische Stammeskulturen:
Villa Heleneum, Castagnola

Tipp 9

1985 stifteten Serge und Graziella Brignoni der Stadt Lugano ihre ethnografische Sammlung, dank der das Museo delle Culture Extraeuropee gegründet werden konnte. Untergebracht ist sie in der Villa Heleneum, einem neoklassizistischen Gebäude direkt am Luganersee. Die Sammlung Brignoni gilt unter Kennern als kleine Weltsensation: Sie enthält etwa 600 Objekte und Skulpturen südseeischer Stammeskulturen, die sowohl von kunsthistorischer als auch ethnologischer Bedeutung sind: Kultfiguren, Amulette und Schädelaufhängungen aus Ozeanien, Musikinstrumente und Schilde aus Neuguinea, rituelle Schlagstöcke von den Fidschi-Inseln, Holzmasken aus der Sahara und Holzskulpturen aus Sumatra, Flores und Timor. Mit Sicherheit eines der interessantesten Museen im Tessin.
Via Cortivo 24
Auskünfte über Telefon
058 866 69 60, Dienstag
bis Sonntag 10–18 Uhr
geöffnet
www.lugano.ch/museoculture

Zeugnisse der ruralen Vergangenheit:
Museo di Valmaggia, Cevio

Tipp 10

Kaum zu glauben, wie arm die Menschen im Maggiatal gelebt haben und teilweise immer noch leben. Das Museo di Valmaggia im Palazzo Franzoni in Cevio dokumentiert eindrücklich den harten Alltag der Bauern, die Emigration. Kunsthandwerk, Haushaltgegenstände, Textilien, rustikale Möbel und handwerkliche Gerätschaften aus der lokalen Arbeitskultur erinnern an die «gute alte Zeit», ohne den Eindruck von Niedlichkeit entstehen zu lassen. Eindrücklich ist das unterirdische Gewölbe, wo die Verarbeitung und Konservierung der einheimischen Nahrungsmittel dargestellt ist. Handfest mutet nicht nur die Weinpresse mit dem Hebelarm aus mehreren Kastanienstämmen an, sondern auch die Gemeindekasse von

Lavizzara aus dem Jahr 1617 – eine wuchtige Holzkiste, mit Eisenbändern umwickelt und drei Schlössern gesichert. Auskünfte über Telefon 091 754 13 40 Dienstag bis Samstag 10–12 und 14–18 Uhr, Sonntag 14–18 Uhr geöffnet (November bis März geschlossen) www.museovalmaggia.ch

Neue Rolle als Historisches Museum:
Villa Ciani, Lugano

Tipp 11

Das neoklassische Gebäude mit wechselvoller Geschichte und schönem öffentlichem Park am See beherbergte bis 2007 die städtische Kunstsammlung. Nun ist das Museum dabei, seine zukünftige Rolle als Historisches Museum mit Wechselausstellungen zu geschichtlichen Themen zu finden. Villa Ciani, Parco Civico Auskünfte über Telefon 058 866 72 14 Dienstag bis Sonntag 10–12 und 14–18 Ulhr geöffnet www.lugano/cultura

Dadaismus im alten Palazzo:
Casa Rusca, Locarno

Tipp 12

Wie das Museum für moderne Kunst in Ascona hat auch die Pinakothek Casa Rusca in Locarno ihre Existenz der Grosszügigkeit von Künstler-Gästen zu verdanken. Der restaurierte Bürgerpalast mit schönem Innenhof aus dem 18. Jahrhundert besitzt in seiner Sammlung zeitgenössischer Kunst bedeutende Schenkungen von den Dadaisten Jean und Marguerite Arp sowie von mit ihnen befreundeten Künstlern, darunter Ernst, Braque, Picasso und Chagall. Im Garten: Max-Bill-Skulpturen. Im Sommer finden zudem befristete Ausstellungen von Künstlern des 20. Jahrhunderts statt.
Piazza S. Antonio
Auskünfte über Telefon
091 756 31 85
Dienstag bis Sonntag 10–12 und 14–17 Uhr geöffnet

Blick in die Tessiner Kunstszene:
Museo cantonale d'Arte, Lugano

Tipp 13

Die Sammlung des Museo cantonale d'Arte Lugano, die in drei Palazzi aus dem 15. Jahrhundert untergebracht ist, umfasst Werke der Malerei, Bildhauerei und Grafik des 19. und 20. Jahrhunderts, die im Tessin entstanden oder davon beeinflusst worden sind. Vertreten sind Avantgardisten wie Oskar Schlemmer, Jean Arp, Paul Klee sowie Künstler der expressionistischen Vereinigung Rot-Blau wie W. K. Wiemken. Daneben zeigt das Museum Wechselausstellungen.
Via Canova 10
Auskünfte über Telefon
091 910 47 80
Dienstag 14–17 Uhr,
Mittwoch bis Sonntag
10–17 Uhr geöffnet
www.museo-cantonale-arte.ch

Klassische Moderne:
Museo d'Arte, Lugano

Tipp 14

Die sehr interessanten wechselnden Ausstellungen im Museum für moderne Kunst in Lugano zogen in den letzten Jahren viele Besucher an. Zudem wurde die museumseigene Sammlung von Kunst der klassischen Moderne um eine grosszügige Schenkung amerikanischer Minimal- und Concept-Kunst erweitert.
Riva Caccia 5
Auskünfte über
Telefon 058 866 72 14
Dienstag bis Sonntag
10–18 Uhr geöffnet
www.mdam.ch

Der Film, den man essen kann:
Ticino Experience, Losone

Tipp 15

Das innovative Familienhotel «Albergo Losone» (siehe Seite 147) zeigt in der ehemaligen Hausdiskothek «Casa Rustica» täglich um 18 Uhr den Film «Ticino Experience», der auf eine kleine önogastronomische Reise durch die Tessiner Täler führt und Gross und Klein in humorvoller Weise anspricht. Das Besondere: Die regionalen Delikatessen, die der Hauptdarsteller im Film entdeckt, können die Kinozuschauer während der Vorführung gleich degustieren. Eintritt Erwachsene 28 CHF, Kinder 18 CHF.
Casa Rustica im Albergo Losone
Via dei Pioppi 14
Telefon 091 785 70 02
www.ticinoexperience.ch

Kunst im Servitenkloster:
Museo d'Arte, Mendrisio

Tipp 16

Im Kunstmuseum Mendrisio, das in einem ehemaligen Servitenkloster aus dem 13. Jahrhundert untergebracht ist und 1982 eröffnet wurde, können Werke von Tessiner Künstlern des 18. bis 20. Jahrhunderts, moderne Bilder von zeitgenössischen Künstlern aus der lombardischen Region sowie wechselnde Ausstellungen diverser Zeitepochen bewundert werden.
Piazza San Giovanni
Auskünfte über Telefon
091 640 33 50
Dienstag bis Freitag 10–12
und 14–17 Uhr, Samstag und
Sonntag 10–18 Uhr geöffnet
www.mendrisio.ch/museo

240 Millionen Jahre zurück:
Museo dei Fossili, Meride

Tipp 17

Unbedingt sehenswert und äusserst spannend ist das rührige kleine Fossilienmuseum in Meride. Es zeigt Fossilien von Meeressauriern, Fischen und Wirbellosen, die vor etwa 240 Millionen Jahren gelebt haben. Besonders interessant ist der ausgestellte Fund eines landlebenden Ticinosuchus aus dem Monte San Giorgio: Verwandte fanden sich bisher nur in Südamerika und Ostafrika. Zwischen Gondwanaland und dem Nordkontinent müsste es demnach noch nicht geortete Landverbindungen gegeben haben. Eine zwanzigminütige Diaschau informiert auf deutsch und italienisch über interessante Einzelheiten.
Auskünfte über Telefon
091 646 37 80
Täglich 8–18 Uhr geöffnet
Eintritt frei
www.montesangiorgio.ch

Geschichte und Geschichten um den Pass der Pässe:
Museo Nazionale del San Gottardo, San Gottardo

Tipp 18

Das Gotthardhospiz beherbergt das wohl höchstgelegene Museum Europas: das 1986 gegründete St.-Gotthard-Museum. Es schildert auf anschauliche Weise den Einfluss des Gotthardpasses im kulturellen, touristischen, politischen, militärischen und wirtschaftlichen Bereich. Nachgestellte Szenen und Bilder, kuriose Gegenstände und alte Fahrzeuge versetzen die Museumsbesucher in die Zeit zurück, als man den Gotthard zu Fuss, zu Pferd und schliesslich in der Kutsche überquerte. Wer 1850 von Basel nach Chiasso reiste, benötigte rund 50 Stunden. Für die Reise durch die rauhe Bergwelt waren 34.40 Franken zu bezahlen – soviel verdiente zu jener Zeit ein Posthalter in anderthalb Monaten. Eine gut gemachte Tonbildschau lässt während zwanzig Minuten die wechselvolle Geschichte um den «Pass der Pässe» lebendig werden. So ist die im Jahr 1830 fertiggestellte St.-Gotthard-Strasse nicht nur die kürzeste Verbindung zwischen Nord- und Südeuropa, der wichtige Alpenpass spielte auch bei der Gründung und Entwicklung der Schweizerischen Eidgenossenschaft eine entscheidende Rolle. Auch heute ist das St.-Gotthard-Massiv Kreuzpunkt der vier schweizerischen Sprach- und Kulturbereiche und nach wie vor das eigentliche Herzstück der Schweiz (an seinen Flanken entspringen Rhein, Rhone und Ticino). Neben der multimedial dargebrachten Passgeschichte macht auch eine umfangreiche Mineralienausstellung Eindruck; das Gebiet um den Gotthard ist bekannt für seinen Mineralienreichtum. Zudem werden im Museum jeweils thematische Jahresausstellungen gezeigt.

Auskünfte über Telefon 091 869 15 25
Täglich 9–18 Uhr geöffnet (Mitte Oktober bis Mai geschlossen)

Kunst und Wein unter einem Dach:
Matasci Arte, Tenero

Tipp 19

Mario Matasci, Sammler, Weinkenner und Kunstliebhaber, fördert seit Jahrzehnten zeitgenössische Kunst aus Norditalien und dem Tessin. Mit seinen Ausstellungen und sorgfältig gestalteten Katalogen leistet er wichtige Kulturvermittlungsarbeit, vor allem zwischen der Deutschschweiz, dem Tessin und Norditalien. Als Kontrast zur Kunst gibt es in den Kellergewölben das Weinmuseum, wo nicht nur alte Weinflaschen, sondern vor allem historische Geräte zu besichtigen sind.

Auskünfte über
Telefon 091 735 60 11
Montag bis Freitag 8–12 und
13.30–18.30 Uhr, Samstag
8–17 Uhr geöffnet
www.matasci.com

Die aktuellen Wechselausstellungen in den hier vorgestellten Museen finden Sie jeweils in der deutschsprachigen «Tessiner Zeitung» (Ressort «Agenda») und bei den lokalen Verkehrsvereinen.

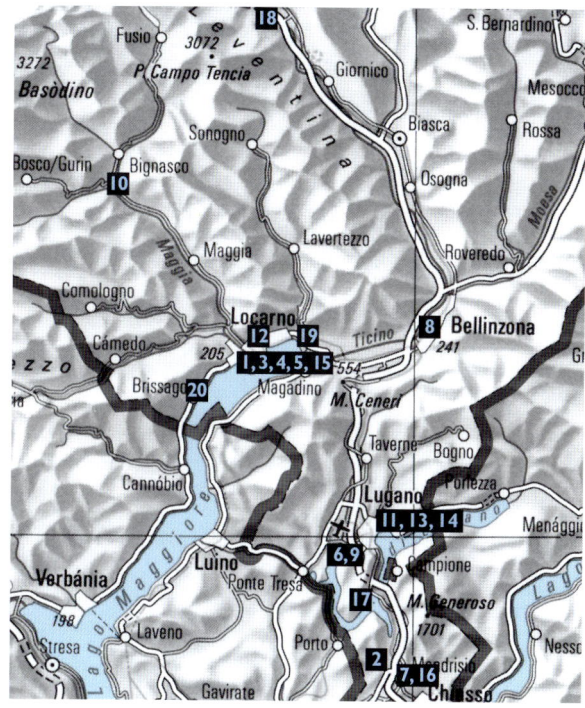

Starker Tobak:
Centro Dannemann, Brissago

Tipp 20

Seit anderthalb Jahrhunderten wird in Brissago die überlange, überdünne und überaus legendäre Brissago gedreht. Noch heute wird die eigenartige Schweizer Zigarre an ihrem Ursprungsort nach dem Originalrezept aus aromatischen Virginia- und Kentucky-Tabaken hergestellt (das Geheimnis der Brissago steckt im Deckblatt, das in einer Beize gebadet hat, deren Zusätze nur der Chef kennt. Durchgesickert ist, dass Zucker, Wein, Grappa und Pflanzenextrakte Ingredienzen der Mixtur seien.) Dass die Fabbrica Tabacchi Brissago in schönster Seelage liegt, zeigt, dass früher der Rohstoff per Schiff aus Italien herantransportiert wurde. Ein Besuch im Rahmen einer sogenannten «Genuss-Führung» (Besichtigung Centro Dannemann, Begehung eines der grössten Humidore Europas, Live-Zigarren-Rollung und Zigarren-Degustation) ist in jedem Fall ein sinnliches Erlebnis.

Via R. Leoncavallo 55
Telefon 091 786 81 32
Genuss-Führung 22 CHF
pro Person (Anmeldung
erforderlich, Montag bis
Freitag 10–17 Uhr)
www.centrodannemann.com

Kulturhistorisches Highlight:
Kirche San Carlo in Negrentino

Tipp 1

Die Romanik war für die Entwicklung von Kunst und Kultur bestimmt eine der wichtigsten Perioden in der Geschichte der Tre Valli. Die oberen Tessiner Täler waren, wenn auch spät, aktiv an der romanischen Blütezeit in Europa beteiligt. In den Jahrhunderten, die dem Höhepunkt dieser Kunstperiode vom 10. bis 14. Jahrhundert folgten, mass man den künstlerischen und kulturellen Errungenschaften jener Zeit nicht immer den gebührenden Wert bei. So wurden viele bedeutende Monumente dem jeweils herrschenden Zeitgeist geopfert. Heute jedoch werden die manchmal sehr interessanten Bauten, die lange Zeit aufgrund ihrer dezentralen Lage und ihres Rufes als provinzielle Imitationen für minderwertig galten, neu oder wieder entdeckt. Als kunstgeschichtliches Juwel von europäischer Bedeutung gilt die hoch über dem Bleniotal gelegene Kirche San Carlo in Negrentino. Mit ihren unverfälscht frühromanischen und spätgotischen Fresken (11. bis 15. Jh.) lockt sie Besucher von weither an. Die angemessene Form der Annäherung an den Zauber von San Carlo ist die zu Fuss – in diesem Fall auch die einzig mögliche. Mehrere Wege führen zu dem Heiligtum. Am bequemsten ist der viertelstündige Spaziergang von Leontinca aus, vorbei an der hässlichen Skiliftstation und über eine wildromantische Schlucht. Wenn man Glück hat, sind Besucher da, die den Schlüssel zur Kirche bereits geholt haben. Andernfalls holt man sich den Schlüssel selber in der Trattoria Centrale in Leontica oder der Trattoria del Nara in Prugiasco. Es lohnt sich!

Zugpferd der neuen Tessiner Architektur: Mario Botta

Tipp 2

Die Tessiner Architekten haben sich längst befreit von den Ketten und Fesseln herrschender Konventionen. Sie haben über die letzten Jahrzehnte einen ganz eigenen Stil entwickelt. Heute lehren die besten von ihnen an international anerkannten Hochschulen. Und ihre Werke in ihrer Heimat Ticino haben die Region zum Wallfahrtsort für Architektur-Fans gemacht. Der bekannteste unter den zeitgenössischen Baumeistern ist zweifellos Mario Botta. Seinen Stil erkennt man sofort: archaische Bauten, massiv und wehrhaft wie Tessiner Burgen. Ihre einfachen Formen sind von erstaunlicher Anziehungskraft. Man steht davor und staunt. Häuser aus solidem Stein, für die Ewigkeit gebaut. Wohnhäuser, Banken, Museen, Ämter, Kirchen. Und weltweit gibt es immer mehr. Das im Jahr 1995 eingeweihte Museum of Modern Art in San Francisco gilt als der bedeutendste amerikanische Museumsbau der 90er-Jahre. Mario Botta baut nicht an einem Ort, er baut den Ort. Die Ignoranz gegenüber der gebauten Umgebung bestimmt seine Entwürfe. Auf schwierigsten Grundstücken hat Botta regelrechte Objekte in die Landschaft gesetzt. Abschottung nach aussen, um innen die Landschaft zu erleben: An einem derartigen Ort arbeitet auch Botta mit seinem Team in Lugano. Der kreisrunde Ziegelbau an der Via Ciani wirkt wie ein Wehrturm, dessen Zugang gut versteckt liegt. «Ich öffne mich nur den positiven Elementen wie der Sonne, den Bergen und dem See», beschreibt der Architekt die Qualität seines Arbeitsplatzes und zeigt dabei durch ein kleines rundes Fenster auf den Luganersee. Trotzdem mag der Meister Baustellen lieber: «Dort kann ich sehen, was entsteht. Ein Büro ist eben etwas Abstraktes.»
www.botta.ch

Architektur und Malerei, Natur und Religion vereint:
Chiesa di Santa Maria degli Angeli, Monte Tamaro

Tipp 3

Die Bergkapelle auf der Alpe Foppa (1500 m ü. M.), die bald an eine romanische Kirche, bald an eine Burg, an einen Aussichtsturm oder an ein Viadukt erinnert, ist ein starkes Zeichen in dieser einsamen Landschaft. Die Chiesa di Santa Maria degli Angeli entstand in den Jahren 1992 bis 96 nach einem Projekt von Mario Botta. Die Betonstruktur mit Porphyrverkleidung ragt wie ein langer Steg aus dem Berg heraus. Am Ende liegt ein Aussichtspunkt

mit einer Kirchglocke. Senkrecht einfallendes Licht erleuchtet die kleine, vom Künstler Enzo Cucchi ausgemalte Apsis mit Intarsien, die zwei dargebotene Hände darstellen. Auf Fussbodenhöhe geben auf beiden Seiten je elf kleine Fenster eine Sicht über die Magadinoebene, das Vedeggiotal, den Lago Maggiore und den Alpenkamm frei. Tagsüber während der Betriebszeit der Seilbahn Rivera–Alpe Foppa geöffnet.

Markante Formensprache:
Kirche San Giovanni Battista, Mogno

Tipp 4

Eine Lawine hatte das Kirchlein in der winzigen Sommersiedlung Mogno im oberen Maggiatal zerstört. Im Sommer 1996 wurde – nach jahrelangen Auseinandersetzungen um die richtige Form – endlich das neue Gotteshaus eingeweiht. Schon während des Baus war die Kirche eine Attraktion für Neugierige und Bewunderer der modernen Architektur. Der schräg abgeschnittene elliptische Zylinder, der sich in wechselnden Schichten aus weissem Peccia-Marmor und grauem Vallemaggia-Granit aufbaut und mit Glas überdacht ist, ist ein ganz und gar typischer Botta. Ein Meisterwerk, das bewusst in Widerspruch zur alpin-rauhen Natur steht.

Romanisches Kulturdenkmal:
Kirche Santi Pietro e Paolo, Biasca

Tipp 5

Die Anfang des 12. Jahr-
hunderts erbaute Kirche der
heiligen Peter und Paul steht
östlich oberhalb von Biasca
und gilt mit ihrer Galerie von
Wandmalereien aus ver-
schiedenen Epochen als eines
der bedeutendsten romani-
schen Bauwerke der Schweiz.

Tutto Botta:
Einfamilienhaus-Skulpturen von Losone bis Stabio

Tipp 6

Ein Haus von Mario Botta. Im
Tessin, der Heimat des Stararchitekten, gibt es viele. Man
erkennt sie sofort. So selbstbewusst und unnahbar, so
symmetrisch und streng, so
einfach und klar. Mit Dächern
aus Glas, mit waagrechten
und senkrechten Schlitzen,
mit Einkerbungen, sanften
Rundungen. Freunde moder-
ner Architektur können im
ganzen Kanton spektakuläre
Einfamilienhäuser von Mario
Botta bewundern. Besonders
sehenswert: die Casa Rotonda
in Stabio (1981;Via Pietane
12), die Casa Robbiani
in Massagno (1982;Via al
Roccolo 12), die Casa Pusterla
in Morbio Superiore (1983;

Zona Lecco), die Casa Genini
in Breganzona (1989;Via dei
Panora 2) und die Casa
Bianda in Losone (1989;Via
Ubrio 6). Dass ihre Bewohner
es nicht so gern mögen, wenn
Architekturinteressierte allzu
weit vordringen, versteht sich.

Zeitgenössische Urbanistik:
Monte Carasso

Tipp 7
Der international anerkannte Tessiner Architekt Luigi Snozzi ist bekannt für seine «Lektüre des Territoriums»: Nicht die Frage, wie ein Bau möglichst aufregend gestaltet werden kann, steht im Vordergrund, sondern die Frage nach der spezifisch richtigen Lösung für einen bestimmten Ort. Monte Carasso gilt als Modellfall für Snozzis unkonventionelle Urbanisierungsideen: Dank einer radikalen Umkrempelung der Ortsplanung ist aus dem einst gesichtslosen, verzettelten Vorort von Bellinzona ein neues Dorf gewachsen, mit einer Mitte, wo sich Jung und Alt trifft, mit einem Ortsbild, in dem modernste Architektur und Reste des ausgedienten Bauerndorfs miteinander harmonieren. Für die gelungene prozesshafte Ortsplanung erntete die Gemeinde nationale und internationale Anerkennung. Vielleicht hat der Volkswirtschaftler Remigio Ratti recht, der schrieb: «Das Tessin befindet sich an der Peripherie der Schweiz, aber im Zentrum von Europa.» In Sachen Architektur scheint diese Behauptung zuzutreffen.

Unesco-Weltkulturerbe:
Tre Castelli, Bellinzona

Tipp 8
Die Burgen von Bellinzona gehören zu den bedeutendsten Zeugen der mittelalterlichen Befestigungsbaukunst im Alpenraum. Mit ihren Mauern, Türmen, Zinnen und Toren löst die imposante Anlage, die in die Unesco-Liste des Weltkulturerbes aufgenommen wurde, auch heute noch Erstaunen aus. Mit der visionären Erneuerung des Castelgrande durch Aurelio Galfetti wurde zudem ein neues Kapitel der Tessiner Architektur eingeleitet.

Zeugen moderner Baukunst:
Casa Biancha e Casa Nera, Bellinzona

Tipp 9
Zwei Stadtvillen in Bellinzona entpuppen sich bei näherer Betrachtung als Zitate der beiden Türme des nahen Castelgrande. Der Schwarze und der Weisse Turm finden ihr Pendant am Fusse des Felsens: Aurelio Galfetti gestaltete die Casa Nera in schwarzen Tönen, die Casa Bianca führte er streng in weissen Farben aus (Via Vincenzo d'Alberto 2–4). Wer sich für moderne Architektur interessiert, studiert in Bellinzona auch das Schwimmbad (Via Mirasole), die Hauptpost (Viale Stazione 18), das Tenniszentrum (Via Brunari), die Casa al Portone (Via Mirasole 4) und viele Privathäuser, die Galfetti allein oder zusammen mit anderen Architekten geschaffen hat und die alle dem modernen Baustil und der heutigen Bautechnik huldigen.

Neoklassizismus im botanischen Wundergarten:
Palazzo Isola, Brissago

Tipp 11
Der deutsche Kaufhaus-Tycoon Max Emden, der die grössere der beiden Brissago-inseln in den Zwanzigerjahren kaufte, liess in seinem zauber-haften Inselpark einen italieni-schen Palazzo errichten, wie ihn die Gegend bislang noch nicht gesehen hatte – ein neoklassizistischer Traum mit Marmorfussböden, rotseiden bespannten Wänden und nackten Steindamen auf dem Dach. Das Gebäude beher-bergt heute ein grosses Ausflugsrestaurant und ein Seminarzentrum (siehe Seite 77).

Verbindung suchende Kontraste:
Riva San Vitale

Tipp 10
Eingebettet zwischen der süd-lichsten Bucht des Lago di Lugano und dem waldreichen Abhang des Monte San Gior-gio, hat der Ort Riva San Vitale eine bewegte Geschichte mit jahrhundertealter Architektur (das Dorf birgt u.a. das älteste christliche Bauwerk der Schweiz). In diesem privi-legierten Kontext haben viele Architekten der jungen «Tessiner Schule» den frucht-baren Boden gefunden, auf dem sie ihre Projekte ver-wirklichen konnten: Das be-rühmte Casa con Studio von Giancarlo Durisch (1974; Piazza alla Buleta), die Scuola Media ebenfalls von Durisch (1982; Via Vincenzo Vela 6), die Casa Bianchi von Mario Botta (1973; Via Fomeggie 6), und die Scuola Materna (1964-72; Via Mons. Sesti 1) von Aurelio Galfetti.

Bauhausarchitektur auf dem Berg der Wahrheit:
Hotel Monte Verità, Ascona

Tipp 12

Auf dem Monte Verità, dem man geheimnisvolle Strahlungen nachsagt, scheinen noch heute die nackten Schatten jener ruhelosen Menschen zu tanzen, die zu Beginn des Jahrhunderts auf diesem Hügel ihren Garten Eden gefunden hatten. Der Ort der damaligen Utopien, erfuhr 1928 mit dem Bau des Hotels im reinen Bauhausstil (Architekt: Emil Fahrenkamp) eine neue ästhetische Entwicklung. Das Hotel, das sich bis heute in geometrischer Rationalität präsentiert, wurde 2007 renoviert und beherbergt neben angenehmen Gästezimmern (Doppelzimmer ab 210 CHF) auch ein Café-Restaurant.
www.monteverita.org

Wallfahrtskirche mit Aussicht:
Madonna del Sasso, Locarno

Tipp 13

Viele Wege führen zur Wallfahrtskirche «der Muttergottes auf dem Felsen», die weithin sichtbar über Locarno thront. Eine Standseilbahn gleitet rasch und bequem der Ramognaschlucht entlang zur ehrwürdigen Madonna del Sasso hoch. Authentischer ist die Annäherung über den kopfsteingepflasterten und kapellengesäumten Stationenweg, der im Zickzack den Berg hinaufführt. Zu leiden braucht auf diesem zwanzigminütigen Spaziergang niemand: Sogar im Sommer ist es angenehm kühl unter dem dichten Blätterdach. Die Barockkirche selber ist bis in den letzten Winkel mit Fresken, Ornamenten und Stuck ausgestattet. Unzählige Votivbilder erzählen von Krankheit und Heilung, von Unglück und Errettung durch die Madonna. Am beeindruckendsten ist jedoch der Blick von der Terrasse hinunter auf die von Weinstöcken gesäumte Stadt, auf den schimmernden See und die grossartige Bergkulisse.

Romanische Kirche aus dem 12. Jahrhundert:
Chiesa di San Nicolao, Giornico

Tipp 14

In Giornico, der nördlichsten Tessiner Weinbaugemeinde, stehen vier Kirchen und drei Kapellen. Die einstige Klosterkirche San Nicolao aus dem frühen 12. Jahrhundert gilt als schönstes romanisches Baudenkmal des Kantons. Bemerkenswert sind besonders die phantastischen Tierfiguren an den Säulenkapitellen und die Wandmalereien des Nicolao da Seregno (15. Jahrhundert) im Gewölbe der halbrunden Apsis. Die Kirche ist tagsüber geöffnet.

Mit Pomp und Prunk ins Jenseits:
Cimitero, Locarno

Tipp 15

Auf halbem Weg zwischen Altstadt und dem Monte Sacro von Madonna del Sasso dehnt sich der Friedhof von Locarno aus. In der üppigen Grabarchitektur des 19. Jahrhunderts wird augenfällig, dass manche Tote wohl etwas gleicher als gleich sind. Da gibt es prunkvolle Tempel mit Marmortreppen, ganze Mausoleen, die antike und gotische Gebäudeformen imitieren und so den Stolz und Reichtum des Locarneser Bürgertums dokumentieren. Bescheidener hat hier der Dadaist Hans Arp seine letzte Ruhe gefunden.

Hermann Hesse:
Pfarrkirche Sant' Abbondio, Gentilino

Tipp 16

Wenn man von der Collina d'Oro spricht, denkt man unwillkürlich an Hermann Hesse, an Montagnola, wo der grosse deutsche Dichter während vieler Jahre gelebt hat, und an den nahen Friedhof von Gentilino, wo seine sterblichen Überreste ruhen (sein Grabstein ist der schlichteste auf dem Friedhof: eine unbehandelte Granitplatte nur mit seinem Namen). Der Platz rund um die Kirche Sant' Abbondio (1570 erbaut) ist ein rundum bezaubernder Ort, der mit seiner Zypressenallee die hügelige Gegend dominiert und an einen toskanischen Flecken erinnert, der sich an den südlichen Alpenrand verirrt hat.

Juwel barocker Architektur:
Madonna d'Ongero, Carona

Tipp 17

Die Wallfahrtskirche aus dem 17. Jahrhundert ist eine der stilreinsten Barockbauten des Tessins. Sie versteckt sich mitten im Kastanienwald im Südwesten des prächtig gelegenen Dorfes Carona (15 Gehminuten). Der Innenraum strahlt eine geradezu mystische Harmonie aus. Die wundervollen Stukkaturen und Fresken stammen von einheimischen Künstlern.

Grandioser Treppenaufgang:
Chiesa di Santa Maria dei Ghirli, Campione

Tipp 18

Die Kirche steht vor dem Tor zur Enklave Campione und ist über einen grandiosen Treppenaufgang direkt vom Seeufer aus erreichbar. Auf der Aussenwand befinden sich die Fresken des Jüngsten Gerichts von Lanfranco und Filippolo De Veris (15 Jh.). Im Innern stellen Fresken des Malers Isidoro Bianchi (17. Jh.) aus Campione die Geschichte Mariens dar.

Ältester Schweizer Sakralbau:
Battistero, Riva San Vitale

Tipp 19

Kaum würde man vermuten, dass es sich beim äusserlich recht bescheiden wirkenden Baptisterium in Riva San Vitale um den ältesten noch bestehenden Sakralbau der Schweiz handelt, dessen Kerngebäude heute noch so erhalten ist, wie er um 500 n. Chr. erbaut wurde. Der würfelförmige Bau schliesst mit einer achteckigen Kuppel ab. Den Innenraum dominiert das mächtige runde Taufbecken in der Mitte mit einem Durchmesser von beinahe zwei Metern, ein roh behauener abgewetzter Granitmonolith. Das ursprüngliche Taufbecken liegt als achtecki-

ges Bassin unter dem Mono-
lithen. Hier empfingen die
Menschen durch Unter-
tauchen ihre Taufe. Mit fort-
schreitender Christianisierung
nahm der Anteil der Taufen
zwangsläufig zu. Die Priester
mochten es als unbequem
empfinden, mit den Winzlin-
gen in die halbmetertiefe
«Piscina» zu steigen, um sie in
das geweihte Wasser einzu-
tauchen, so dass schliesslich
ein Taufbecken auf einem
Sockel errichtet wurde. Die
vorromanischen und romanischen Wandbilder sind leider
nur fragmentarisch erhalten,
lassen aber dennoch die ursprüngliche Gesamtkomposi-
tion erahnen.

Von Nord auf Süd umgepolt:
Chiesa di Santa Maria del Sasso, Morcote

Tipp 20

Auf einem Felsbuckel thront
auf einem herrlichen Aus-
sichtspunkt über dem Dorf-
kern von Morcote die Kirche
Santa Maria del Sasso. Zahlreiche Umbauten haben
ihre Spuren hinterlassen. Die
Barockisierung fügte einen
Chor hinzu und änderte gar
die Richtung der Kirche von
Nord auf Süd. Im ursprünglichen Chor finden sich sehens-

werte Renaissance-Fresken,
teilweise durch die Orgel
verdeckt, und an der Ost-
wand Trompe-l'oeil-Malereien
aus dem 18. Jahrhundert.
Die Pfarrkirche ist über einen
langen Treppenaufgang zu
erreichen, der mitten durch
eine mittelalterliche Kapelle,
Sant'Antonio Abate, führt.
Man geht unter dem Tonnen-
gewölbe ihres Atriums hin-
durch. Die Kapelle selbst
enthält sehenswerte spätgoti-
sche Fresken, darunter ein
ergötzliches Jüngstes Gericht,
das etwa 20 Seelen (nackte
Figuren) zeigt, die sich in
einem Netz verfangen haben.
Diejenigen, die sich befreien
können, werden von den
Engeln erlöst, die anderen
von den Teufeln verdammt.

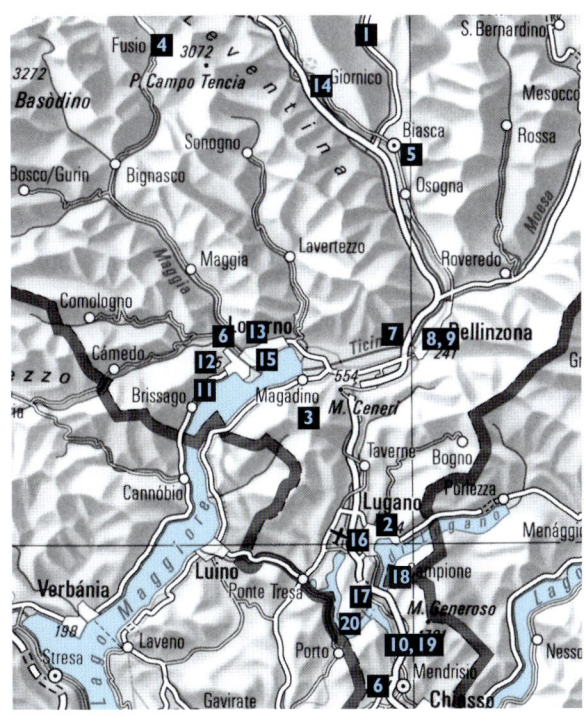

Botanischer Streifzug um den halben Globus:
Brissagoinseln

Tipp 1

Stundenlang lustwandeln lässt es sich auf der Isola Grande, der grösseren der beiden Brissago-inseln. Ein Streifzug durch den botanischen Wundergarten kommt einem vor allem an Frühlingsnachmittagen wie ein Ausflug ins Paradies vor. Man stösst Schritt für Schritt auf Überraschungen: Hier die Blütenpracht der Rhododendren im Schatten mediterraner Bäume, die bizarren Luftwurzeln der Sumpfzypressen, dort der Palmenhain. Fleischfressende Pflanzen am kleinen Lotosteich gesellen sich zu üppigen Daturabüschen und Savannengräsern. Ein blumiges Sammelsurium aus 1800 Pflanzen, von denen eine jede eine eigene Geschichte hat. So würde kaum jemand in einigen seltsamen Nadelbäumen nahe der Inselmitte eine der grossen botanischen Sensationen dieses Jahrhunderts vermuten; die aufrechten Bäume mit dem monströsen Namen Metasequoia glyptostroboides tauchten auf wie der verlorene Sohn in der Bibel. Man wusste aus Fossilienfunden, dass es sie einmal gab – und war verblüfft, als in den vierziger Jahren ein chinesischer Botaniker den lebenden Baum vorwies. 1885 schon verwandelte die damalige Besitzerin das karge Eiland mit viel Geld und Schiffsladungen guter Erde in einen blühenden Park. In den zwanziger Jahren verkaufte sie die Insel an den deut-schen Kaufhaus-Tycoon Max Emden, der sich hier neben einem Lustgarten mit Römischem Bad einen italienischen Palazzo bauen liess, wie ihn die Gegend bislang noch nicht gesehen hattte – ein neoklassizistischer Traum mit Marmorfussböden, rotseiden bespannten Wänden und nackten Steindamen auf dem Dach. Über der Bootsanlegestelle prangt noch heute der Sinnspruch «Auch Leben ist eine Kunst». Nach dem Tod des exzentrischen Besitzers gingen die Brissagoinseln in öffentlichen Besitz über. Während der Saison der Lago-Maggiore-Dampfer täglich von 9–17 Uhr geöffnet, Anfahrt mit Schiff ab Ascona oder Locarno. Telefon 091 791 43 61, www.isolebrissago.ch

Sonnenwarme Felsbuckel, eiskaltes Schmelzwasser: Maggiatal

Tipp 2

Das Maggiatal hat etwas berührend Urlandschaftliches und ist ein Eldorado für Sonnen-
anbeter und Badenixen. Nächstes Badeziel ab Locarno und Ascona sind die Strände beim
Campingplatz von Losone (erreichbar mit dem Velo entlang dem schattigen Uferweg). Einen
Kilometer weiter talaufwärts, in der Schlucht unterhalb von Intragna (Velo unterhalb der
Brücke abstellen), bieten sich berauschende Perspektiven für alle, die es gerne wildroman-
tisch mögen: Hier kann man stundenlang dem Lauf der Maggia folgen, seine Kletterkünste
auf den Elefantenfelsen unter Beweis stellen und zwischendurch, wenn kein Weg mehr wei-
terführt, immer wieder ins Wasser springen. Als «die kleine Karibik» gilt die Maggiaschlucht
bei Ponte Brolla. Der Fluss hat sich hier tief in die Felsen eingeschliffen und Erosionströge
gebildet. Die Schlucht ist über Treppenwege zugänglich (Auto oder Velo in Ponte Brolla
abstellen) – an Sommerwochenenden herrscht hier allerdings reger Betrieb. Wenige
Kilometer nach Ponte Brolla wird das Talbecken breiter, die Maggia bietet in dieser flachen
Talsohle zwischen Avegno und Cavergno zahlreiche reizvolle Bademöglichkeiten – gut
zugänglich sind etwa die Badeplätze zwischen Someo und Coglio, bei Avegno und Cevio.
www.vallemaggia.ch

Spaziergang durchs Vogelparadies:
Bolle di Magadino

Tipp 3
Der grossartige Naturpark an der Mündung des Ticino in den Lago Maggiore ist eines der letzten natürlichen Flussdeltas Europas und ein Paradies für Hobbybotaniker und Vogelfreunde. Letztere waten gerne mit dem Fernglas durch das dschungelähnliche Dickicht der Bolle di Magadino. Nicht weniger als 300 zum Teil seltene Vogelarten nisten in den noch erhaltenen Sumpfwiesen und Auenwäldern. Nördlich der Anlegestelle in Magadino führt ein markierter Weg entlang des alten Flussarmes zum Naturpark, wo eine markierte Rundwanderung beginnt, die eine knappe Stunde dauert und zu allen Jahreszeiten ihren Reiz hat (im Sommer gehören ein wirksames Mückenmittel, bei Regen-

wetter Gummistiefel zur Ausrüstung). Hinweistafeln in italienischer und deutscher Sprache geben wissenswerte Informationen über Flora und Fauna dieses einzigartigen Reservats. Im Sommerhalbjahr werden auf telefonische Voranmeldung Führungen durchgeführt. Auskunft über Telefon 091 795 31 15, www.bolledimagadino.com

Baden zwischen Elefantenfelsen:
Verzascatal

Tipp 4
Die schönste Badestelle im Verzascatal liegt unter der berühmten Ponte dei Salti in Lavertezzo. Nachteil: Bei gutem Wetter immer bis auf den letzten Platz belegt. Ebenfalls sehr schöne und weniger überlaufene Badestellen finden sich weiter talaufwärts, zwischen Brione und Sonogno. Ein Bad in der Verzasca ist allerdings nur Abgehärteten zu empfehlen, denn sie führt bis in den Herbst hinein kaltes Schmelzwasser. Informationen unter www.tenero-tourism.ch

Für Verliebte:
Strand Casoro am Lago di Lugano

Tipp 5

Bei heissem Sommerwetter gibt es nichts Schöneres als einen Sprung ins Wasser. Am Luganersee bietet sich der 50 bis 60 Meter lange wilde Kieselstrand von Casoro für die willkommene Abkühlung an (südlich von Figino, kurz vor Morcote). Klares Wasser und kaum Touristen.

Unter Palmen:
Strandbad Campione d'Italia

Tipp 6

Mit einem prächtigen klassizistischen Säulentor empfängt Campione d'Italia, italienische Enklave am Schweizer Ufer des Lago di Lugano, seine Besucher. Der Ort lebt im Wesentlichen davon, dass Schweizer und Deutsche hier ihr Glück im Spielkasino versuchen. Eine ganz besondere Note bietet das Strandbad am jenseitigen Ende des Ortes: Hier kann man unter Palmen im Sand liegen.

Familiär:
Strand von Gerra

Tipp 7

Abseits der Seestrasse liegt der familiäre Strand von Gerra, mit Pingpongtisch, Tschutti-Kasten und kleinem Imbissstand. Das Wasser ist hier warm, sauber und tief, die Badegäste sind erfreulicherweise nicht sehr zahlreich. Mit einem spannenden Buch lässt sich hier gut und gerne der ganze Tag verbringen.

Azurblau:
Rundfahrten auf den Seen

Tipp 8

Das Panorama der Seebuchten, Berge, Hügel und Dörfer lassen sich vom Schiff aus ohne Stress geniessen. Auf dem Lago Maggiore und dem Luganersee werden im Sommerhalbjahr täglich diverse Rundfahrten angeboten. Navigazione Lago Maggiore, Telefon +39 0322 233 200, www.navigazionelaghi.it Navigazione Lago di Lugano, Telefon 091 971 52 23, www.lakelugano.ch

Juwel am Wasser:
Ristorante La Casetta, Ascona

Tipp 9

Die Verzauberung stellt sich jedes Mal von neuem ein. Die wohl schönste Restaurantterrasse am Lago Maggiore, in der Gartenanlage des Luxushotels Eden Roc gelegen, betört die Sinne. Man sitzt auf bequemen Teakholzstühlen direkt über dem Seeufer und lässt sich vom Gefühl südlicher Unbeschwertheit anstecken. Auf der Speisekarte stehen neben sommerlichen Salat- und Pastagerichten grillierte Fische und Fleischstücke, und der Service schafft mit ungekünsteltem «Gut-draufsein» echte Wohlfühlatmosphäre. 6612 Ascona im Hotel Eden Roc Telefon 091 785 71 71 Täglich bei schönem Wetter geöffnet www.edenroc.ch

Wellness-Intermezzo:
Aurum Sassa Spa, Lugano

Tipp 10

Nicht immer verfügt man über ein mehrtägiges Zeitbudget für einen Aufenthalt im Wellnesshotel, sondern sucht eine Energiequelle für die kleine Dosis Wellness zwischendurch. Im Spa des Hotels Villa Sassa kann man für ein paar Stunden der Hektik des Lebens ein Schnippchen schlagen. Die Revitalisierungsbehandlungen für Body und Beauty gründen durchwegs auf Naturprodukten. Zum Wellnessen stehen weiter eine Saunawelt, zwei Pools sowie ein weitläufiger Fitnessbereich zur Verfügung.
Via Tesserete 10
Telefon 091 911 41 11
www.villasassa.ch
55-minütige Massage
ab 114 CHF
Öffnungszeiten Spa:
täglich 10–20 Uhr

Sand wie am Meer: Baden im Maggiadelta

Tipp 11

Am rechten Ufer der Maggiamündung in den Lago Maggiore liegt ein sich jedes Jahr veränderndern Sandstrand: im Sommer ein beliebtes Ausflugsziel für Sonnenhungrige und Bootsbesitzer, die hier anlegen und den Tag verbringen.

Luxuriöses Privatvergnügen: Ein Tag auf der Segel- oder Motorjacht

Tipp 12

Die erfahrenen Skipper der Segelschule Ascona segeln mit Ihnen zu den schönsten Plätzen des Lago Maggiore. Auch private Motorbootrundfahrten (z.B. zu den Borromäischen Inseln oder zu einem Markt in Italien) mit Bade-Stop, Picknick und kulturellen Führungen sind kein Problem. Motorboot mit Fahrer 230 CHF pro Stunde (910 CHF pro Tag), Segelausflüge für 5–12 Personen ab 850 CHF mit Skipper.
Scuola Vela Ascona
beim Ristorante Marina
Telefon 091 791 51 85
www.scuolavelaascona.ch

Aussichtsreiches Pflanzenparadies:
Parco San Grato, Carona

Tipp 13

Der botanische Garten San Grato schmiegt sich etwa zehn Kilometer von Lugano entfernt zwischen den San Salvatore und den Monte Arbostora. Der Park liegt auf einer Höhe von 690 m ü. M., mit einer fantastischen Aussicht auf die nähere Umgebung und die Alpen. Fünf thematische Wege führen durch die weiten, mit Azaleen, Rhododendren und Nadelbäumen bepflanzten Flächen: Botanik, Relax, Panorama, Kunst und Märchenwelt. Lehrtafeln erleichtern das Verständnis. Eintritt gratis

Goldrausch im Goldregenwald:
Alpe Mergugno

Tipp 14

Oberhalb Brissago am Lago Maggiore, auf der Alpe Mergugno, befindet sich der «Goldregenwald». Von Mitte bis Ende Juni blühen hier die Citisium-Bäume. Es ist, als ob es Gold regnete.

Blumig:
Parco Botanico del Gambarogno

Tipp 15

Aus der Ferne wirkt der Ascona und Locarno gegenüberliegende Uferbereich des Lago Maggiore eher bescheiden, doch wer die Riviera del Gambarogno besucht, wird viel Reizvolles entdecken. Zum Beispiel den prächtigen, von Otto Eisenhut angelegten botanischen Garten, der auf der Terrasse zwischen Piazzogna und Vairano liegt. Auf einem Abhang von über 17 000 Quadratmetern, zwischen zwei zu Tale stürzenden Wildbächen, führen romantische Fusswege mitten in eine reiche Flora von rund vierhundert Arten Kamelien und Magnolien, flankiert von Azaleen, Pfingstrosen, Rhododendren sowie seltenen europäischen und exotischen Nadelbäumen. Am schönsten ist ein Besuch in der Blütezeit zwischen April und Juni, wenn der verträumte Garten vor lauter Farben zu explodieren scheint. Informationen unter www.parcobotanico.ch

Die grüne Lunge von Lugano:
Parco Ciani

Tipp 16

Der weitläufige Park liegt zwei Minuten vom Stadtzentrum am Ufer des Luganersees und besticht durch den alten Baumbestand, exotische Pflanzen, schöne Pfade, Statuen und Brunnen.

Idyllisches Wochenendversteck:
Seehotel Elvezia al Lago, Castagnola

Tipp 18

Am Uferweg zwischen Castagnola und Gandria versteckt sich zwischen prachtvollen Villen und Parkanlagen dieses zauberhafte Hotel-Bijou direkt am Wasser. Ein Geheimtipp für alle, die für ein paar Tage dem Stress und Trubel entkommen wollen.
Telefon 091 971 44 51
Doppelzimmer ab 210 CHF
www.elvezialago.ch

Kuriositäten-kabinett:
Parco Scherrer, Morcote

Tipp 19

Der Luganersee besitzt eine ähnlich unübersichtliche Form wie der Vierwaldstättersee, ist jedoch vom Charakter her ganz anders: Anstelle des Herben und Gewaltigen bestimmt hier viel südliche Weichheit und Heiterkeit das Landschaftsbild. Wo an seinen Ufern keine Häuser stehen – obwohl man hier fast jede Möglichkeit zum Bauen genutzt hat! –, da ist dichte, fast überbordende Vegetation. Besonders üppig präsentiert sie sich im Parco Scherrer bei Morcote. Eingebettet in eine subtropische Pflanzen- und Baumwelt legte hier der reiche Textilkaufmann Hermann Arthur Scherrer im Jahr 1930 den Grundstein für ein unbedingt sehenswertes kunsthistorisches Kuriosum: eine ausgesprochen originelle Sammlung von steinernen Reiseandenken. Der Begründer sammelte alles an Bau- und Kunstwerkkopien, vom griechischen Erechtheion zum siamesischen Teehaus, vom spanischen Sonnentempel zum indischen Frauengemach.
Täglich 10–17 Uhr geöffnet (November bis Mitte März geschlossen)

Stadt-Oase:
Parco Tassino, Lugano

Tipp 17

Im Parco Tassino, der um ein skurriles Dornröschenschloss herumgebaut ist, gedeihen 300 Sträucher aus 80 verschiedenen Pflanzenfamilien. Hauptattraktion sind die Rosenbeete mit 17 verschiedenen Sorten. Die Aussicht auf Stadt, Bucht und Luganersee sowie das heitere Alltagstreiben sind ein Genuss für alle, die dem Gedränge an der Piazza Riforma und am Quai für einige Stunden entfliehen möchten.
(Via Tasino/Via Basilea, Zugang durch Unterführung südlich des Bahnhofs)

Stilvolle Entschleunigung:
Drei Relax-Oasen in Ascona

Tipp 20

Mit dem ungesunden, verrückten, beschleunigten Leben, das die meisten von uns führen, ist ein gelegentlicher Spa-Break heute kein Luxus mehr, sondern eine Notwendigkeit, um die innere Balance zu halten. Umso wichtiger ist die Entscheidung, welches Wellnessparadies sich individuell am besten zum Abtauchen, Entspannen und Tanken neuer Energien eignet. Die drei Nobelabsteigen von Ascona – «Eden-Roc», «Castello del Sole» und «Giardino» (siehe Seiten 10 und 11) – verwöhnen Körper und Stilsinn auf ganz eigene Weise. Und alle drei Häuser empfangen auch externe Gäste für Massagen und Schönheitsbehandlungen.

Eden-Roc
Telefon 091 785 71 71
www.edenroc.ch

Castello del Sole
Telefon 091 791 02 02
www.castellodelsole.com

Hotel Giardino
Telefon 091 785 88 88
www.giardino.ch

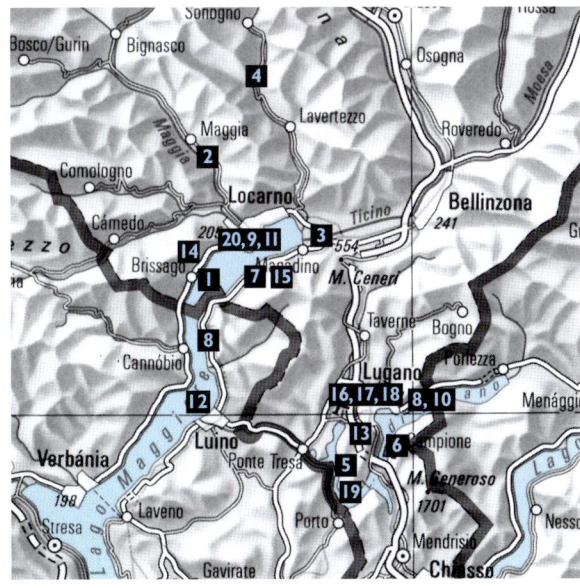

105

Sommernachtstraum auf Luganos «Zuckerhut»: San Salvatore

Tipp 1

Der Monte Ceneri teilt das Multifreizeitunternehmen Tessin in zwei grundverschiedene Gebiete: Auf der Nordseite, im Sopraceneri, zeigt die Landschaft herbere Züge, im Sottoceneri sind die Konturen weicher, die rundgeschliffenen Berge um den vielarmigen Luganersee weisen einen leichteren Rhythmus mit betont südlichem Charakter auf. Die Landschaft prägt den Menschen, und so überwiegt im Süden ein Gefühl der Schwerelosigkeit, das nördliche Kontrastprogramm offeriert neben der wildromantischen Szenerie (aussen) ein rustikaleres Ambiente (innen). Auf beiden Seiten finden sich atemberaubende Aussichtspunkte, von denen man stundenlang über die Seen und in die Täler blicken kann. Der beeindruckendere der beiden Hausberge Luganos, der Monte San Salvatore, gewährt eine Vogelschau auf Lugano, den Damm von Melide und die Collina d'Oro. Ein Panorama, das bei trockener, klarer Luft mitunter bis in die Poebene und die Walliser Alpen reicht. Man kann den Gipfel von Carona her in einer leichten, einstündigen Wanderung erklimmen oder sich in zehn Minuten mit der Standseilbahn von Lugano-Paradiso hochbefördern lassen. Auf dem Gipfel (912 m ü.M.) befindet sich das Ristorante Vetta mit grosser Panoramaterrasse. Am schönsten ist es hier bei Einbruch der Nacht, wenn all die verschiedenen Beleuchtungen mit Tausenden von Lichtquellen der Stadt ein bühnenreifes Lichterkleid überziehen.

Bergbahn und Restaurant von 8.30–18 Uhr, während den Sommermonaten bis 23 Uhr in Betrieb, Auskünfte über Tel. 091/985 28 28, www.montesansalvatore.ch

Himmlische Aussichten auf den Lago Maggiore: *Alpe Nova*

Tipp 2

«Unter den 1001 Edelsteinen, die Mutter Natur mit verschwenderischem Grossmut dieser bevorzugten Erde mitgegeben hat, verdient besonders der Lago Maggiore hervorgehoben zu werden», steht in einem Reisebuch der Jahrhundertwende geschrieben. Das gilt auch heute noch und am schönsten zeigt sich der See vielleicht von der Alpe Nova (1000 m), die man mit dem Auto von Ascona via Monti di Ronco erreicht. Hier laden zwei Grotti zum Verweilen ein, hier beginnt auch der gemütliche, höhenökonomisch angelegte Bergweg auf den Pizzo Leone (viel Sicht bei ruhigem Puls). Das gewaltige Panorama reicht über den ganzen Lago Maggiore bis weit nach Italien, hinauf bis Bellinzona und zu den Alpen. Wer hier oben ankommt, ist so angetan von dieser Aussicht, dass er für immer bleiben möchte.

Sicht auf Lago di Lugano und Lago Maggiore:
Monte Lema

Tipp 3
Zweifellos ein Geheimtipp unter den Tessiner Aussichtspunkten ist der Monte Lema. Der Gipfel (1620 m) bildet einen Grenzpunkt zwischen der Schweiz und Italien, mit dem Lago di Lugano auf der einen und dem Lago Maggiore auf der anderen Seite. Es lohnt sich, die 50 Höhenmeter von der Bergstation zum Gipfel hochzugehen. Herrliche, überraschende Perspektiven, Alpenkranz total – man glaubt, mitten in einer Märklin-Eisenbahnanlage zu sitzen. Der Monte Lema ist mit der Gondelbahn von Migliegla aus in 10 Minuten erreichbar.
Auskünfte über Telefon
091 609 11 68
www.montelema.ch

Aussicht auf den oberen Lago Maggiore:
Monti di Fosano

Tipp 4
Die vielleicht interessanteste Aussicht über den oberen Lago Maggiore geniesst man vom Gambarognorücken aus, und hier wiederum gewährt die Streusiedlung Monti di Fosano (700 m ü. M.) den

besten Logenplatz und schöne Wanderpfade dazu. Vom Dörfchen Vira fährt man mit dem Bus oder dem eigenen Wagen die Haarnadelkurven hoch, weit über das Hangdorf Fosano hinaus bis zu einer Kapelle auf der linken Strassenseite. Von diesem Punkt aus sieht man hinüber nach Locarno und Ascona, ins Maggiadelta und an die 220 Meter hohe Staumauer des Vogornosees, der das Verzascatal abschliesst.

Neuer «Botta-Berg»:
Cardada-Cimetta

Tipp 5
Der Hausberg Locarnos lässt sich bequem erklimmen: Eine Drahtseilbahn übernimmt die erste Etappe vom Bahnhofsplatz Locarno nach Orselina; von dort überwindet eine Luftseilbahn 1000 Meter Höhendifferenz mit dem Ziel Cardada (1332 m); wer hier nicht zu einer Wanderung aufbrechen oder sich im Restaurant verköstigen möchte, kann die Fahrt mit einer Sesselbahn bis zur Bergstation Cimetta fortsetzen (1670 m) und – am besten in eine Windjacke

gehüllt – die spektakuläre Rundsicht auf den Lago Maggiore, die Magadinoebene und den Alpenkranz geniessen. Dazu eröffnen sich interessante Einblicke in die Täler Vallemaggia, Onsernone und Centovalli. Im Winter kann man hier oben auch Ski fahren. Falls Ihnen Luftseilbahn und Bahnstationen irgendwie futuristisch vorkommen: Sie wurden, von Stararchitekt Mario Botta entworfen, nach einigen Jahren Bauzeit im Juni 2000 neu eröffnet.
Auskünfte über Telefon
091 735 30 30
www.cardada.ch

Schwindelerregend:
Mit der Luftseilbahn von Verdasio nach Rasa

Tipp 6
Mit der Centovallibahn nach Verdasio (eines der reizvollsten und besterhaltenen Dörfer im Tessin) und von dort per Seilbahn nach Rasa. Betörende Rundsicht!

Wie im Flugzeug:
Hotel Casa Berno, Ascona

Tipp 7
In atemberaubender Höhenlage zwischen Ascona und Brissago gibt es einige Hotels, deren Preise zwar mit zunehmendem Abstand von Ascona etwas abnehmen, deren Panorama aber jedes Auge trunken macht. Wer am Lago Maggiore übernachten

und sich dabei wie im Flugzeug fühlen will, ist in der «Casa Berno» – an der Strasse zwischen Monte Verità und Ronco sopra Ascona – an der richtigen Adresse. Zwar käme das Gebäude nicht einmal für einen architektonischen Trostpreis in Frage, dafür sind alle Zimmer nach Süden orientiert und verfügen über einen eigenen Balkon.
6612 Ascona
Telefon 091 791 32 32
Fax 091 792 11 14
Doppelzimmer ab 460 CHF inklusive Halbpension
www.casaberno.ch

Terrasse mit Herrgottsblick:
Grotto Borei, Piodina

Tipp 8
Schlicht phänomenal ist das Panorama, das sich von der Terrasse des Grotto Borei hoch über Brissago bietet. Der Blick schweift über praktisch den ganzen Lago Maggiore bis weit nach Italien, hinauf bis Bellinzona und zu den Alpen. Die Basis der Küche bildet der traditionelle Tessiner Speisezettel.
Telefon 091 793 01 95 (Donnerstag geschlossen)

Unvergessliche Sight-Seeing-Erlebnisse:
Rundflüge ab Aeroporto Locarno

Tipp 9
Der Flugplatz Aero Locarno in Gordola bietet täglich Rundflüge an:
«Flugtaufe» (Flugzeit ca. 7 Minuten) 99 CHF für 1–3 Erwachsene (anstelle eines Erwachsenen können auch 2 Kinder von 2–12 Jahren mitfliegen), Brissagoinseln (ca. 12 Minuten) 129 CHF für 1–3 Erwachsene, Lugano (ca. 28 Minuten) 240 CHF, Borromäische Inseln (ca. 35 Minuten) 297 CHF, Como (ca. 42 Minuten) 348 CHF, Alpenflug (ca. 55 Minuten) 480 CHF, Eiger-Mönch-Jungfrau (ca. 87 Minuten) 750 CHF
Informationen unter Telefon 091 745 20 27 und www.aerolocarno.ch

Grandioso:
Monte Generoso

Tipp 10
Auf Bergen ist man dem Himmel näher. Auf dem luftigen Gipfel des Monte Generoso (1704 m) ist man ihm besonders nah und geniesst nach 40-minütiger Fahrt mit der Zahnradbahn einen fantastischen Weitblick auf das oberitalienische Seengebiet, die lombardische Tiefebene (bei klarem Wetter sieht man angeblich die Madonna auf dem Mailänder Dom!), und im Westen blitzen Matterhorn und Monte Rosa aus den Walliser Viertausendern hervor. Jeden zweiten Samstag kann man

Östlicher Hausberg Luganos:
Monte Brè

Tipp 11
Neben dem Monte San Salvatore besitzt Lugano noch einen zweiten Hausberg: den Monte Brè. Beide sind durch Standseilbahnen erschlossen, doch nur auf letzteren führt eine bis kurz unter den Gipfel (925 m) reichende Strasse bis zum Restaurant Vetta, wo man eine überwältigende Aussicht hat. Unten breitet sich der Luganersee aus. Ihn umsäumen zur linken Seite der Monte Sighignola und der Monte Generoso, auf der rechten Seite der Monte San Salvatore und dahinter der Monte San Giorgio. In der Mitte dämmert im Dunst die Po-

ebene. Rechts grüssen aus der Ferne die mächtigsten Gipfel des Alpenhauptkammes wie der Monte Rosa, das Matterhorn und viele andere. Von der Bergspitze empfiehlt sich der Abstieg bis zum malerischen Dorf Brè. Bei der Rückkehr kann man den «Funicolare» bei der Haltestelle «Brè Paese» besteigen, die vom Dorf auf meist flachem Weg in einer Viertelstunde zu erreichen ist.
Die Bergbahn führt in zwei Abschnitten vom Luganer Stadtteil Cassarate bis zur Bergspitze (20 Minuten). Täglich von 9.10 Uhr (erste Bergfahrt) bis 19.05 (letzte Talfahrt) in Betrieb (Sommerfahrplan) Telefon 091 971 31 71

im Planetarium mit dem stärksten aller öffentlich zugänglichen Teleskope in der Schweiz nach den Sternen sehen (Reservierung erforderlich, Spezial-Bergfahrt 19.15 Uhr, Talfahrt 23.15 Uhr). Mutige schwingen sich zur schneidigen Talfahrt in den Mountainbike-Sattel – die Generosobahn vermietet abfahrtstaugliche Fahrräder. Information: Telefon 091 648 11 05. Zahnradbahn Capolago–Monte Generoso Vetta von 9.20 Uhr (erste Bergfahrt) bis 17.45 Uhr (letzte Talfahrt) in Betrieb (Sommerfahrplan) www.montegeneroso.ch

Das Luganese auf einen Blick:
Monte Bar

Tipp 12

Mit seinen 1816 Meter Höhe ist der rund 10 Kilometer nördlich von Lugano gelegene Monte Bar nicht zu übersehen. Seinen Gipfel bildet ein breiter, unbewaldeter Rücken, auf den sich die weit sichtbare, gut befahrene Strasse emporwindet. Auf einer Höhe von 1600 Metern erreicht sie das Rifugio Monte Bar, von wo man zu Fuss bequem in einer guten halben Stunde auf den Gipfel gelangt. Dort bietet sich eine beeindruckende Aussicht: Im Süden schweift der Blick über Europas schönstgelegene Finanzcity und deren Hinterland. Ganz in der Ferne erkennt man den allmählichen Übergang in die Poebene. Im Westen erblickt man den Alpenhauptkamm, und im Norden grüssen die Berggipfel des oberen Tessins.

Superpanorama:
Alpe Foppa/Monte Tamaro

Tipp 13

Auf der Alpe Foppa in 1530 Meter Höhe wird die Luft frischer. Wer etwas für moderne Architektur übrig hat, wird die unlängst von Mario Botta renovierte Kirche Santa Maria degli Angeli besichtigen, die sich bei der Bergstation der Gondelbahn Rivera–Alpe Foppa befindet. Hier oben wird neben einem Restaurant mit Gästelager einiges geboten: Ein Alpen-Tierpark, ein grosser Kinderspielplatz, eine Gleitschirmschule und eine Mountainbike-Vermietung. Wer noch höher hinaus will, besteigt den Monte Tamaro, mit seinen 1961 Metern höchster Gipfel der Region. Er wartet mit einer überwältigenden Aussicht in alle Himmelsrichtungen auf. Im Bogen von Ost über Nord nach West schweift der Blick über den Alpenhauptkamm, der gegen Süden allmählich an Höhe abnimmt und schliesslich im Dunst der Poebene versinkt.

Die Bergbahn Rivera–Monte Tamaro ist von 8.30–16.30 Uhr durchgehend in Betrieb. Letzte Abfahrt um 17 Uhr. Auskünfte über Telefon 091 946 23 03 www.montetamaro.ch

Zwischen Luganer- und Comersee:
Monte di Tremezzo

Tipp 14

Zwischen dem Luganersee und dem Comersee liegt ein markanter Gebirgsstock. Die zwei höchsten Erhebungen sind im Südwesten der Monte Generoso, im Nordosten der Monte di Tremezzo, beide 1700 Meter hoch. Dazwischen liegt das Hochtal des Intelvi. Beide Gipfel bieten eine überwältigende Aussicht. Auf dem Hinweg zum Monte di Tremezzo fährt man von San Fedele über Ponna Superiore nach Boffalora (1235 m). Von dort führt ein mit dem Mountainbike befahrbarer Güterweg bis kurz unter den Gipfel. Die Aussicht, die einen hier oben erwartet, ist phantastisch: Nicht nur der Blick in die Ferne, sondern auch der Blick nach unten auf Luganer- und Comersee ist beeindruckend (Weglänge: 12,4 km).

Bellinzonas höchstgelegene Burg:
Castello di Sasso Corbaro

Tipp 15

Ein sehr schönes Panorama auf die Magadinoebene, Bellinzona und den Lago Maggiore geniesst man vom Castello di Sasso Corbaro, das 230 Meter über Bellinzona thront. Die Burg wurde 1479 auf Befehl des Herzogs von Mailand in nur sechsmonatiger Bauzeit errichtet. Die Festung sollte die Stadt noch besser vor den vordringenden Eidgenossen schützen. Die Mühe lohnte sich nicht, da Bellinzona trotzdem den Schweizern in die Hände fiel.

Beletage des Monte San Giorgio:
Serpiano

Tipp 16

Wenn es Ihnen in Lugano zu heiss oder zu hektisch wird, gewährt der Kurort Serpiano erfrischende Abkühlung, eine Vogelschau auf den südlichen Luganersee (sehr schön auf Morcote) und vielfältige Wandermöglichkeiten in der herrlichen Waldgegend am Monte San Giorgio. Das Kurhotel Serpiano wurde unlängst renoviert und besticht durch eine besonders ruhige Lage und eine breite Palette an Behandlungsmethoden.

Telefon 091 986 20 00
Doppelzimmer ab 210 CHF
www.serpiano.ch

In weltentrückter Höhe:
Hotel & Spa Kurhaus Cademario

Tipp 17

Das Malcantone und den Luganersee überblickt man am besten von Cademario, wo sich auf 850 Meter Höhe das Wellnesshotel Kurhaus Cademario befindet. Es befand sich bei Redaktionsschluss noch im Umbau und erstrahlt ab 2012 in neuem Glanz.

6936 Cademario
Telefon 091 610 51 11
www.kurhauscademario.ch

Naturnah:
Azienda Agrituristica Piana Selva, Faido und Alpe Cottino, Bogno

Tipp 18

Aktivferien und Erholung auf abgelegenen Bauernhöfen auf der Alp bieten diese beiden nach biologischen Richtlinien geführten Landwirtschaftsbetriebe, die ein idealer Ausgangspunkt für zahlreiche Wanderungen und Mountainbiketouren sind. Wer will, kann auch an den täglichen Arbeiten auf dem Bauernhof teilnehmen und Maulesel, Schweine und Kühe füttern.

Azienda Agrituristica Piana Selva, Faido
Telefon 091 867 15 46
Alpe Cottino, Bogno
Telefon 091 944 18 86
www.pianaselva.ch

Schwimmbad an Traumlage: *Carona*

Tipp 20
Das durch zahlreiche berühmte Bauwerke bekannte Künstlerdorf Carona hat nicht nur den schönsten Ortskern des Tessins (der zu den national geschützen Denkmälern gehört), sondern auch ein Superschwimmbad an prächtigster Panoramalage hoch über dem Luganersee. 50 mal 20 Meter, 1- bis 10-Meter-Sprungbretter, Minigolf.
Mai bis September täglich von 9–18 Uhr geöffnet

Ort der Kraft: *Sass da Grüm, San Nazzaro*

Tipp 19
San Nazarro ist ein kleines, autofreies Dorf hoch über dem Lago Maggiore, wo man tief durchatmen, Ruhe und Landleben geniessen kann. Wer dazu noch Öko-Lifestyle, Esoterik und ein wunderbares Panorama sucht, wird im baubiologisch konzipierten und ökologisch betriebenen Albergo Sass da Grüm glücklich. Ein Erlebnis, wenn die Abenddämmerung über dem See hereinbricht und das Lichtermeer am dichter bewohnten Gegenufer zu leuchten beginnt.
6575 San Nazzaro
Telefon 091 785 21 71
Doppelzimmer ab 350 CHF inkl. Vollpension
www.sassdagruem.ch

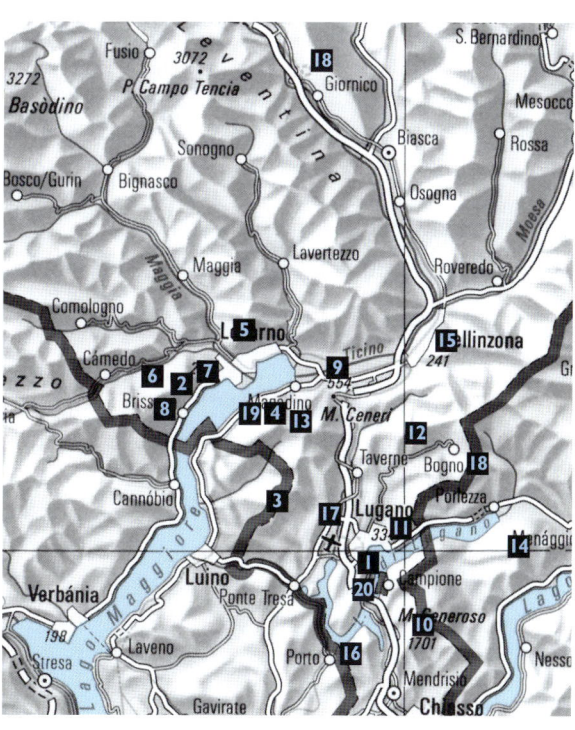

Lauschiger Pfad durch üppige Vegetation:
Sasso di Gandria

Tipp 1

Wer im Tessin wandern will, muss damit rechnen, dass es oft bergauf und bergab geht. Allein zwischen den Ausgangspunkten in den tief eingeschnittenen Tälern und der Baumgrenze liegen oft schon schweisstreibende Höhenunterschiede von über 1000 Metern, und bis zum Gipfel sind es dann nochmal 500 oder mehr Höhenmeter. Dazu noch die Tessiner Sonne auf dem Buckel. Wer sich das alles nicht antun will, spaziert beispielsweise in rund zwei Stunden vom Zentrum Luganos dem See entlang zum pittoresken Fischerdorf Gandria, das sich mit Hunderten von Treppen und Treppchen am Fuss des Monte Brè entlangzieht (tatsächlich meint ein altes Sprichwort: «Der Gandrianer kommt erst dann in die horizontale Lage, wenn er in seinem Grabe ruht.»). Die meisten Besucher gelangen mit dem Schiff hierher – die Annäherung über den Sasso di Gandria ist viel stimmungsvoller und weniger touristisch. Zunächst geht man auf der Uferpromenade und durch den Parco Civico, dann entlang der viel befahrenen, aber alleegesäumten Viale Castagnola bis zur Villa Favorita (dieses Teilstück lässt sich auch mit den Buslinien 1 oder 11 befahren). Dort erreicht man die Via Cortivo, die in den schmalen, teilweise in den Fels gehauenen Rad- und Gehweg nach Gandria mündet. Er führt an prachtvollen Villen und üppigen Parkanlagen vorbei, berührt bei San Domenico den öffentlichen Parco degli Ulivi, wo Olivenbäume am Steilhang von der starken Sonneneinstrahlung profitieren. Wenige hundert Meter vor Gandria ragen schroffe Kalkfelsen unmittelbar aus dem See auf – eine Kulisse, vor der man sich ein Wildweststück vorstellen kann. Der Felsenpfad endet in den Weinbergen und Gemüsegärten des Postkartendorfs.

Tageswanderung entlang der Maggia:
Someo–Ponte Brolla

Tipp 2

Ob unter südlicher Sommersonne, im milden Frühling, im farbenprächtigen Herbst oder gar im Winter, wenn früh schon die Schatten umgebender Berge den Talboden erobern: Zu jeder Jahreszeit zeigt sich das Maggiatal als ideales Wandergebiet, wo Kultur und Natur in harmonischem Einklang stehen. Zu den lohnendsten Wanderungen zählt die fünf- bis sechs-stündige Tour von Someo in der Talmitte nach Ponte Brolla, wo sich von Westen her aus dem Centovalli die Melezza in die Maggia ergiesst. Im Startort Someo schwingt sich als erste Attraktion des Tages eine 300 Meter lange, im Rhythmus der Marschschritte schaukelnde Hängebrücke ans westliche Flussufer. Eine scharfe Linksbiegung, und dann folgt man den Wanderwegzeichen Richtung Lodano. Während der nächsten Stunde führt die Route in stets wechselnder Entfernung der Maggia entlang, die in ihrem steinübersäten Bett hin- und herpendelt. Nach der Durchquerung der Dörfer Moghegno und Aurigeno beginnt der gut markierte 300-Meter-Aufstieg zum Sommerdörfchen Dunzio, der den Bedarf an Höhen-flügen völlig befriedigt. Sobald man die Talebene verlässt, ändert sich der Pflanzenwuchs. War längs der Maggia die Vegetation von Gebüschen und im Auenwald von Grauerlen geprägt, wandert man hier unter Kastanienbäumen. Durchs Val di Riei steigt man in Richtung Süden ziemlich steil gegen das untere Centovalli ab. Von Tegna ist's nicht mehr weit bis ans Wander-ziel Ponte Brolla, wo die Strassenbrücke einen interessanten Tiefblick in die Maggiaschlucht mit ihren vom Wasser ausgewaschenen Gesteinsformationen bietet. Wanderzeit: 5–6 Stunden.

Kurz-, Rund- und Höhenwanderungen entlang kobaltblauer Bergseen:
Val Piora

Tipp 3
Im Val Piora, hoch über Airolo, wird nicht nur Vieh gesömmert, sondern auch der schmackhafte Tessiner Alpkäse Piora hergestellt. An den Ausgangspunkt Piora gelangt man vom Leventiner Talort Piotta mit einer der steilsten Standseilbahnen der Welt (Steigung 88 Prozent). Auf der knapp eineinhalb Kilometer langen Strecke überwindet die rote Bahnkabine eine Höhendifferenz von nicht weniger als 786 Metern, man hat den Eindruck, beinahe senkrecht in die Höhe gezogen zu werden. Sie führt den Druckstollen entlang, welche die Turbinen des Kraftwerks Piotta mit Wasser aus dem Ritomstausee antreiben. Von der Bergstation auf 1800 Meter Höhe bis zum Stausee führt ein leicht ansteigendes Strässchen etwa einen Kilometer weit. Oben bei der Staumauer eröffnet sich ein prächtiges Hochplateau. Ein Dutzend grössere und kleinere Seen spiegeln sich im geschützten Naturparadies, das zum Inventar schützenswerter Landschaften der Schweiz gehört. Auf einem fünfstündigen, gut markierten Rundwanderweg sind manche ihrer Schönheiten zu entdecken. Es besteht aber auch die Möglichkeit, nach einem kürzeren Spaziergang durch das biologisch vielfältige Weidegebiet nach Altanca hinunterzulaufen (eine gute Stunde, steil!), von wo ein Postauto zum Bahnhof Ambri-Piotta fährt.

Wandern ohne Gepäck:
Von Attinghausen über den Gotthard nach Mendrisio

Tipp 4
Bewegungshungrige können das Tessin mit dem zwölftägigen Eurotrek-Reiseprogramm «Wandern ohne Gepäck» von Norden nach Süden durchqueren. Die mittelschwere Tour, mit Gehzeiten von drei bis sechs Stunden pro Tag, führt über den Gotthardpass, den Panoramaweg Strada Alta, dem Ticino entlang zu den Castelli von Bellinzona, dann über die Höhe der Gola di Lago nach Lugano und weiter nach Serpiano in die Südspitze des Tessins. Die Trekking-Woche kostet 1547 CHF pro Person (Zuschlag Einzelzimmer 440 CHF) und beinhaltet elf Übernachtungen in Dreisternhotels, den Gepäcktransport von Hotel zu Hotel sowie die ausführliche Routendokumentation. Durchführung von Anfang Mai bis Mitte Oktober (Anreise täglich).
Information und Reservation: Eurotrek,
Telefon 044 316 10 00
www.eurotrek.ch

autoverbindungen hinunter zum Talboden erlauben es, die Route nach Belieben abzukürzen. Im Spätsommer ist auf dieser angenehmen Postkarten-Tour schon mal mit Walk-and-Stop zu rechnen.

Der Klassiker:
Strada Alta della Leventina

Tipp 5

Während unten im Tal der Eisenbahn- und Autoverkehr durchbraust, offenbart sich in höheren Lagen der Leventina ein weit ausgedehntes Netz an gut unterhaltenen Wanderwegen. Zusammen mit der Lötschbergsüdrampe im Wallis ist die Strada Alta zwischen Airolo und Biasca die wohl bekannteste Panoramawanderung der Schweiz. Die 46 Kilometer lange Auf- und-ab-Tour am Sonnenhang über der Leventina umfasst drei Tagesetappen mit Übernachtungsmöglichkeiten in Osco und Anzonico. Post-

Weg der Wunder:
Sentiero delle meraviglie

Tipp 6

Die landschaftlich besonders reizvolle und deshalb für Wanderungen wie geschaffene Hügellandschaft des Malcantone ist mit verschiedenen Postautolinien von Lugano aus leicht zu erreichen. Idealer Ausgangspunkt ist Novaggio, wo der 7 Kilometer lange «Weg der Wunder» beginnt und endet, an dessen Verlauf es die wundersamsten Zeugen der Vergangenheit zu entdecken gibt – von verlassenen Goldminen über Ziegelbrennereien bis zu alten Mühlen und Burgruinen (Informationstafeln geben genauere Auskunft über die 13 Sehenswürdigkeiten). Der gut markierte «Sentiero delle meraviglie» ist in rund 4 Stunden leicht zu bewältigen, eine ausführliche Dokumentation über den Weg erhalten Sie gratis beim Verkehrsbüro Caslano Telefon 091 606 29 86

Facettenreiche Grenztouren:
Geführte Wandertrekkings

Tipp 7

Die Journalistin und langjährige Trekkingleiterin Barbara Steinmann organisiert und führt attraktive Trekkingtouren in den Tessiner Alpen in kleinen Gruppen von fünf bis maximal zehn Personen. Ein besonderer Erfolg sind die sogenannten «Grenztouren», die auf unbekannten Pfaden entlang (und über) die Landesgrenze führen und viel geschichtlichen Hintergrund liefern. So z.B. die dreitägige Wanderung vom Monte Generoso durchs südlichste Tal der Schweiz zu den Palmen am Comersee. Anspruchsvoller ist der dreitägige Trekkingklassiker «Sentiero Alpino» hoch über dem Calancatal.
Informationen: Barbara Steinmann, Wanderlust, Telefon 081 921 45 97 www.wl-reisen.ch

wilde Schosse auf öffentlichem Grund zu pfropfen und so in den Besitz des betreffenden Baums zu gelangen. Startpunkt der sechsstündigen Rundwanderung ist das Grotto Sgambada in Arosio, der gut markierte Weg führt dann via Fescoggia, Vezio, Mugena zurück nach Arosio. Der Prospekt zur Wanderung ist beim Verkehrsverein in Caslano erhältlich.
Telefon 091 606 29 86

Im Tal der grünen Wasser:
Sentierone

Tipp 8

Sentierone, was etwa mit «der grosse Weg» übersetzt werden könnte, so heisst der gut ausgeschilderte, meist eben verlaufende Talweg, der über 25 Kilometer von Sonogno nach Gordola durch das ganze Verzascatal führt; ein Wanderklassiker, der durchaus mit der berühmten «Strada Alta» in der Leventina (siehe Seite 119) verglichen werden kann. Im zügigen Schritt braucht man für die ganze Strecke sieben bis acht Stunden. Besondere Schwierigkeiten sind keine zu überwinden. Zudem kann man bei Müdigkeit jederzeit unterbrechen – das klare Wasser der Verzasca bietet sich immer wieder für eine Erfrischung an, und die Hauptstrasse mit Postautoanschluss bleibt immer in der Nähe.

Immer den stachligen Früchtchen nach:
Sentiero del castagno

Tipp 9

Für die Tessiner Talbewohner war der Kastanienbaum einst lebenswichtig, heisst es doch, dass acht Edelkastanien eine zehnköpfige Familie über den Winter ernährten. Der Kastanienweg durch den Malcantone alto gibt einen Einblick in die Vielfalt und die Pflege der alten einheimischen Kastaniensorten wie San Michee, Pirenei, Boniröö, Magreta und Pinca. Die Nummern an den Stämmen weisen auf die verschiedenen Besitzer hin. Die breite Eigentümerschaft erklärt sich dadurch, dass das Pflanzrecht es jedem Bürger erlaubte,

Für Faule:
Spazierwege um den Monte Verità

Tipp 10

Von Asconas legendärem «Berg der Wahrheit» führen unzählige und gut unterhaltene Spazierwege durch schattige Kastanienwälder zu den Aussichtspunkten über Ascona und Losone: Balladrüm (483 m), Castelli (379 m), Gratena (451 m), Maia (476 m) und Marbescio (462 m). Alle diese Wege sind untereinander durch ein sehr dichtes Netz in jeder Richtung verbunden, so dass der Naturfreund in diesem äusserst interessanten Gelände unerschöpfliche Entdeckungswanderungen machen kann. Sehr schön: Über den Sentiero Romano (Römerweg) vom Monte Verità nach Ronco s/Ascona und von dort über Fontana Martina nach Brissago.

Abwechslungsreiche Tageswanderung:
Verdasio–Rasa–Brissago

Tipp 11

2000 Kilometer markierte Wanderwege führen durchs Tessin, eine der schönsten Tageswanderungen beginnt im authentischen, auf einem Kamm gelegenen Centovalli-dorf Rasa (898 m ü.M.), das nur zu Fuss oder mit der Luftseilbahn von der Talstation Verdasio erreichbar ist. Von dort führt ein weicher Pfad durch einen malerischen Kastanienwald auf die Alpe di Naccio (1395 m ü. M.), wo man im Verlauf der Monate Juli/August noch einigen Älplern begegnen kann und einen wunderbaren Ausblick auf den gesamten schweizerischen Teil des Lago Maggiore hat. Hier oben kann man sich nach einem Picknick auf einen gemütlichen und meist schattigen Abstieg nach Brissago und ein erfrischendes Bad im See freuen. Wanderzeit: 6 Stunden.

Abseits ausgetrampelter Wege:
Rundwanderungen ab Gordevio

Tipp 12

Wer in der hübschen Edelpension «Casa Ambica» in Gordevio logiert (siehe Seite 20), hat einen idealen Ausgangspunkt für Tagestouren im unteren Maggiatal. Besonders lohnenswert ist die Rundwanderung von Gordevio über die Alpe Pizzit (1713 m) via Alpe Nimi (1718 m) zurück nach Gordevio. Nachteil: Kreislaufunfreundliches Puls-Blick-Verhältnis – bis die sonnigen Höhen über dem Tal erreicht sind, kommt man ganz schön ins Schnaufen.

Alpine Gefühle:
Wanderung Cimalmotto–Bosco Gurin

Tipp 13

Rund um Bosco Gurin, laut Prospekt das höchstgelegene Dorf sowie die einzige deutschsprachige Walsersiedlung im Tessin (1503 m), kommen ambitionierte Berggänger auf ihre Kosten. Ein Highlight für mittelmässig routinierte Wanderer ist die rund vierstündige Wanderung im Westen des Grosshorns, die von Cimalmotto (1405 m) über die Alpe Quadrella und den Passo Quadrella (2137 m) via Chumma und Schwarzenbrunnen entlang der Rovana nach Bosco Gurin führt. Dort wartet der Bus zurück nach Cimalmotto.

Munteres
Auf und Ab:
Die kleine Umrundung des Monte Arbostora

Tipp 14

Der Monte Arbostora bildet zusammen mit dem Monte San Salvatore einen auf einer Halbinsel im Luganersee gelegenen, mit viel Wald überzogenen Gebirgsstock. Am Nordende befindet sich der Monte San Salvatore mit seinem markanten felsigen Gipfelaufbau, der am Südende gelegene Monte Arbostora hingegen wirkt eher wie ein gewaltiger bewaldeter Hügel.

Im Sattel zwischen den beiden Gipfeln befindet sich das Dorf Carona. Von dort führt ein gut markierter Wanderweg ohne übermässige Höhenunterschiede in neun Kilometern rund um den Monte Arbostora. Die jederzeit angenehm zu begehende Route verläuft vorwiegend im Wald, berührt aber dennoch viele prächtige Aussichtspunkte. In der Halbzeit (nach 5 km) erreicht man die am Südende der Route gelegene Alpe Vicania, wo das stimmige «Ristorante Vicania» (siehe Seite 32) mit schmackhaften Tessiner Spezialitäten lockt.

Angenehme Kühle und frische Luft:
Über die Alpe Bolla auf den Monte Boglia

Tipp 15

Der Monte Brè über Lugano ist genau genommen lediglich ein Vorgipfel des Monte Boglia. Letzterer ist jedoch mit seinen 1516 Metern rund 700 Meter höher. Aussichtsmässig ist also der Monte Boglia dem Monte Brè ähnlich, doch weitet sich der Blick beträchtlich, vor allem in Richtung Nord. Man kann den Monte Bolla auf verschiedenen Routen besteigen. Die bequemste ist, wenn man sich den Ort Curreggia als Ausgangspunkt nimmt und durch einen schönen dichten Wald zur

Alpe Bolla (1129 m, im Sommer bewirtschaftetes Gasthaus) hochsteigt. Von dort geht es über den Kamm, der die Grenze zwischen der Schweiz und Italien bildet, in Richtung Süden weiter. Auf gutem Pfad gelangt man zum Gipfel des Monte Boglia. Wie auf vielen anderen Gipfeln des Sottoceneri besteht der besondere Reiz dieses Berges darin, dass man den ganzen Bogen des Alpenhauptkammes sowie seinen allmählichen Übergang in die Poebene überblickt. Die Tour ist gemütlich in 6 Stunden zu schaffen und eignet sich auch für wärmere Witterung.

Gratwanderung:
Traversata vom Monte Lema zum Monte Tamaro

Tipp 16

Der Monte Lema (1624 m, mit dem Sessellift von Miglieglia aus erreichbar) ist Ausgangspunkt einer sehr interessanten Gratwanderung, der sogenannten Traversata, die ohne nennenswerte Höhenunterschiede in gut 4 Stunden nordwärts auf einer gut ausgeschilderten Route zum Monte Tamaro (1960 m) führt (gutes Schuhwerk erforderlich). Auf der

Alpe Foppa, wo sich die Bergstation der Gondelbahn nach Rivera befindet, steht die Bergkapelle Santa Maria degli Angeli von Mario Botta.

Landschaftlicher Hochgenuss:
Spazierweg von Vico Morcote zur Alpe Vicania

Tipp 17

Vico Morcote, 150 Höhenmeter über dem Seespiegel inmitten von Reben und Wäldern gelegen, ist eines der schönsten Dörfer im Tessin und wie durch ein Wunder nicht vom Massentourismus überrannt. Hier beginnt der einstündige Spazierweg zur Alpe Vicania (Wegweiser «Castello di Morcote» folgen), wo das «Ristorante Vicania» mit feinen Risottovariationen lockt (siehe Seite 32). Zurück führt ein direkterer, aber auch sehr viel steilerer Weg ins Dorf.

Saftiggrüne Hügellandschaft:
Strada verde im Malcantone

Tipp 18

Der Malcantone, eine der schönsten und botanisch abwechslungsreichsten Landschaften des Tessins, eignet sich besonders zum Wandern. Das 40 Kilometer lange Wanderwegnetz der Strada verde verbindet die verschiedenen Dörfer der Region, man läuft durch eine ausgedehnte Wald- und Hügellandschaft, die sich im Südwesten von Lugano bis zur Landesgrenze erstreckt und von einer Bergkette mit den Ausflugsgipfeln Monte Lema und Monte Tamaro überragt wird. Rundwanderungen lassen sich individuell gestalten, die offizielle Route umfasst 3 Tage. 1. Tag: Arosio–Alpe di Agra–Cademario–Forcora–Aranno–Maglio–Miglieglia–Vinera–Novaggio (3½ Std.). 2. Tag: Novaggio–Curio–Piazzano–I Pre–Grotto Selvatica–Bedigliora–Beride–Sessa–Sasso Biotto–Erbagni–Laghetto–Astano (4 Std.). 3. Tag: Astano–Alpe di Paz–Frécc–Miglieglia–Tortoglio–Piano di Nadro–Breno–Vezio–Caroggio–Mugena–Piano di Piem–Arosio (4 Std.). Vom Verkehrsverein Malcantone in Caslano werden geführte Wanderungen angeboten.
Telefon 091 606 29 86

Gemütlich:
Spazierweg rund um den Monte Caslano

Tipp 19

Man spaziert auf angenehmen, vollständig in dichtem Wald verlaufenden Wegen zu einem steil am Berghang gelegenen Aussichtspunkt mit atemberaubendem Tiefblick auf die wenige Meter breite Einschnürung des Luganersees bei Lavena. Ausgangspunkt und Ziel ist Caslano. Weglänge: 5,5 km.

Reizvolle Routen durch die Rebberge:
Weinwanderwege im Mendrisiotto

Tipp 20

Der Weg ist das Ziel, heisst es auf den Wanderrouten durch die mediterran anmutenden Hügel des Mendrisiotto. Hier laden drei jeweils rund vierstündige Rundwege zum Entdecken und Erleben des südlichen Tessins ein. Der erste Rundweg beginnt in Mendrisio und führt an den dortigen Weinkellereien vorbei nach Salarino. Der zweite Weg führt von Seseglio durch die grüne Rebenflut von Pedrinate. Der dritte Weg steigt von Rancate zu den Dörfern am Hang des Monte San Giorgio. Abwechslungsreiche Szenerien und immer wieder überraschende Ein- und Ausblicke sind garantiert.

Verkehrsverein Mendrisiotto, Telefon 091 641 30 50, www.mendrisiottoturismo.ch

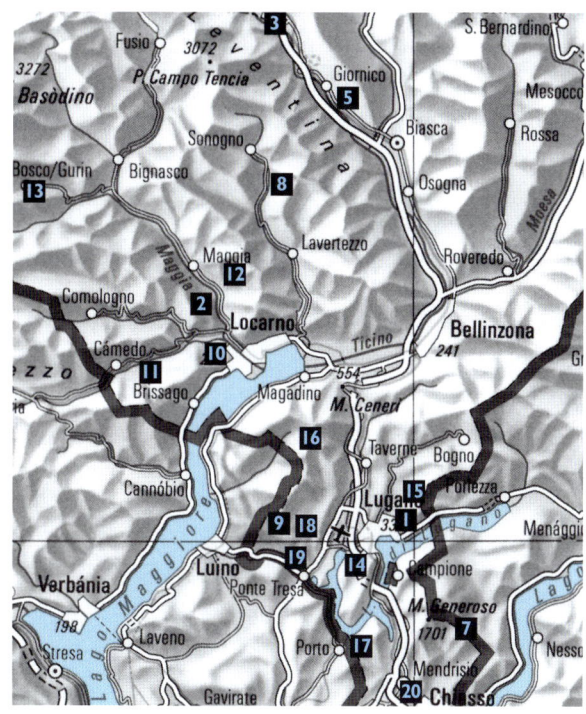

Auf Zeitreise:
Mit der historischen Postkutsche über den Gotthardpass

Tipp 1

Eine Fahrt über den Gotthardpass in einem originalgetreu nachgebauten Fünfspänner, begleitet von Postillon mit Posthorn und «Kondukteur» (Reisebegleiter), wird kaum jemanden unberührt lassen. Die Historische Reisepost AG bietet für Liebhaber exklusiven Reisens diese aussergewöhnliche Alpenüberquerung an. In der komfortablen Postkutsche, einem Landauer Coupé, das von fünf Pferden gezogen wird, finden acht Personen Platz. Natürlich sind die beiden Begleiter ganz im Stil der Zeit gekleidet, handelt es sich bei der Postkutsche schliesslich nicht um irgendein Fuhrwerk, sondern um die legendäre Gotthardpost, die von 1842 bis zur Eröffnung des Eisenbahntunnels 1882 fahrplanmässig verkehrte und den Personen- und Postverkehr über den Gotthardpass abwickelte. Was vor über 100 Jahren für Kaufleute, Wissenschaftler, Botschafter und Weltreisende noch aufreibende Strapaze war, wird heute als bequeme und geruhsame Erlebnisreise nachvollzogen. Die Tagesfahrt beginnt in den Monaten Juni (zweite Hälfte), Juli und August täglich um 9.30 Uhr (weitere Fahrt um 10.15 Uhr) in Andermatt (individuelle Anreise mit der Bahn oder Auto), am nördlichen Fuss des Gotthards, und führt über die alte Gotthardstrasse ins Tessin. Unterwegs werden den Reisenden Aperitifs angeboten, während die Pferde verpflegt werden. Gegen Mittag erfolgt die Ankunft auf dem Pass beim Gotthardhospiz, wo ein reichhaltiges Mittagessen serviert wird. Nach einem Besuch des aufschlussreichen Gotthardmuseums geht es talwärts durch die romantische Tremolaschlucht mit Ankunft um 16.30 Uhr (respektive 17 Uhr) in Airolo. Von dort geht's mit dem Zug wieder zurück nach Andermatt. Der Preis für die nostalgische Alpenüberquerung beträgt 680 CHF pro Person. Die Kutsche fährt bei jedem Wetter (schliessbares Verdeck).

Auskunft und Buchung: Historische Reisepost, Telefon 041 888 00 05, www.gotthardpost.ch

Perlen fern der Autobahn:
Die Sonnenterrassen der Leventina

Tipp 2

In kaum 20 Minuten saust man auf der Gotthardautobahn südwärts durch die Leventina zwischen Airolo und Biasca. Schade für die Eile, denn auf beiden Talseiten liegen – von unten kaum zu erahnen – wunderbare Terrassen und verschwiegene Dörfer, kleine Perlen nur wenige Kilometer abseits der tristen N2-Trasse. Früher waren es die besten Weiden, die auf den überraschend flachen Trogschultern über dem steilen Haupttal lagen, heute sind es sonnenverwöhnte, ruhige Siedlungen über dem ewigen Verkehr. Besonders die östliche Tal-flanke überrascht mit wunderbar heiteren Balkondörfern mit gigantischen Ausblicken. Grund genug also, einmal in Höhe Faido oder Lavorgo von der N2 abzufahren und Dörfer wie Altanca, Lurengo, Osco, Rossura, Tengia, Calonico oder Sobrio anzusteuern. Die knapp 50 Kilometer lange Sonnenseite erstreckt sich praktisch entlang der gesamten Ostflanke des Tals, aber die Gunst der Landschaft wird einem eigentlich erst von oben so recht klar. Deshalb bleibt es dort auch so erstaunlich ruhig und unaufgeregt. Lediglich die klassische Wanderroute in dieser Region, die Strada Alta Leventina, sorgt während der Wanderzeit für reichlich Auftrieb (siehe Kapitel «Die 20 attraktivsten Wanderungen», Seite 123). Auf der linken Talseite, bei Piotta, befindet sich die prachtvolle Region des Ritom mit seinen unzähligen Alpseen, die in wenigen Minuten mit der steilsten Drahtseilbahn der Welt vom Tal aus erreicht werden kann. Sie transportiert auch Mountainbikes. Ein kulturhistorisches Highlight in der Leventina ist die Kirche von San Nicolao in Giornico (siehe Kapitel «Die 20 eindrücklichsten Bauwerke», Seite 94). Auskunft über Telefon 091 869 15 33, www.leventinaturismo.ch

Natürliche Schönheit:
Valle di Blenio

Tipp 3

Seiner weiten Öffnung nach Süden verdankt das Valle di Blenio den Beinamen Valle del Sole. Das weitgehend unberührte Sonnental reicht vom Lukmanierpass im Westen, der bereits von den Römern genutzten Verbindung ins Rheintal, bis vor die Tore von Biasca. Wichtigstes Baudenkmal des Tals ist das herrliche, oberhalb Prugiasco gelegene und vollständig mit Fresken ausgemalte Kirchlein San Carlo Negrentino aus dem 11. Jahrhundert (siehe Kapitel «Die eindrücklichsten Baudenkmäler», Seite 88). In der oberen Talhälfte, nordöstlich von Olivone, liegt das kleine Bergdorf Campo Blenio auf 1216 Meter über Meer. Campo ist im Winter eine beliebte Wintersportstation, die sich gut für Familien und Kinder eignet. Obwohl der Tourismus auch im Bleniotal ständig zunimmt, hat er hier seine sanfte Form beibehalten.

Naturnahes Abenteuer:
Canyoning im Val Cugnasco

Tipp 4

Ein wunderschöner Canyon, glattgewaschene Granitfelsen, Pools mit glasklarem Wasser, moderne Ausrüstung, gut ausgebildete Guides, zwischendurch ein Imbiss ... Der professionelle Abenteuerveranstalter Swissraft macht das Canyoning-Abenteuer sowohl für Einsteiger als auch für Könner möglich. Während der rund fünfstündigen Tour nimmt der Schwierigkeitsgrad zu, die Sprünge (alle optio-

nal!) sowie die Rutsch- und Abseilstellen werden höher und spannender. Vor der Tour erhalten die Teilnehmer in der Swissraft-Basis in Cugnasco eine komplette Ausrüstung. Swissraft führt Canyoning-Abenteuer an weiteren neun Plätzen im Tessin durch (Boggera, Corippo, Intragna Centovalli, Iragna, Malvaglia, Pontirone, Val Grande, Val Lodrino, Valle Maggia).
Swissraft
Telefon 081 911 52 50
Durchführung täglich
von Mai bis Oktober
Preis 160 CHF
Mindestalter 14 Jahre
www.swissraft.ch

Abwärts:
40 km lange Talfahrt von Airolo bis Biasca

Tipp 5
Wo sich einst im Sommer die Autos der sonnenhungrigen Touristen stauten, begegnet man heute fast nur noch Tessinern, die von einem Dorf zum anderen fahren. Dafür haben Radfahrer die alte Kantonsstrasse neu entdeckt. Von Airolo bis Biasca geht es bei einem Höhenunterschied von 850 Metern rund 40 Kilometer stets bergab. Die Fahrt dauert etwa drei Stunden. Man muss nur fest im Sattel sitzen. Und bremsen. Am Bahnhof Airolo Velo mieten (frühzeitig reservieren: Telefon 091/869 12 22), in Biasca wieder abgeben.

Auch folgende SBB-Stationen vermieten Mountainbikes:
Bellinzona (091 821 72 44), Locarno (091 743 65 64), Lugano (091 923 66 91), Melide (091 649 72 02), Tenero (091 745 12 54).

Benediktinischer Geist in weinbergiger Umgebung:
Giornico

Tipp 6
«In Giornico sollte man einen speziellen Hinweis anbringen, ein Spruchband vielleicht oder einen Triumphbogen aus Zweigen, damit auch der zerstreuteste und eiligste Reisende, oder der ungnädigste, merkt, dass er die 'Zivilisation des Weins' betreten hat; hier nämlich, mehr als auf dem Gotthard, endet das Land der Kartoffeln und des Biers, es beginnt jenes der Polenta und des Weins.» Das schrieb der Tessiner Schriftsteller Guido Calgari 1959. Wer die Autobahn benutzt, sieht den geschichtsträchtigen Ort in der unteren Leventina nicht; zu schnell ist das Tempo auf der kühn gebauten Nord-Süd-Verkehrsachse. Besuchermagnet ist vor allem die Kirche San Nicolao, die von einer Sternstunde der lombardisch-romanischen Architektur kündet und in praktisch unverändertem Zustand noch

immer die reine Frömmigkeit des 12. Jahrhunderts ausstrahlt (siehe Kapitel «Die 20 eindrücklichsten Baudenkmäler», Seite 94). Giornico ist aber auch ein idealer Ausgangspunkt für ausgedehnte Spaziergänge durch die einladenden Rebhänge und die umliegenden Wälder und Wiesen.

Weinwanderweg mit mediterraner Vegetation:
Sentiero delle vigne in der Riviera

Tipp 7
Das von gewaltig aufragenden Felsen flankierte Tal des Ticino präsentiert mit Weinbergen, Feigen-, Maulbeer- und Kastanienbäumen eine mediterrane Vegetation. Am Rand der Magadinoebene führt ein 5 Kilometer langer Weinwanderweg, der als Sentiero delle vigne ausgeschildert ist und bei den Fortini della Fame in Monte Carasso beginnt, durch die uralte Kulturlandschaft der Riviera führt und in Cugnasco sein Ziel findet. Mitte bis Ende September ist es besonders schön, weil dann die Trauben erntereif, dunkel und schwer herabhängen.

Reitertraum:
Alpen-Trekking zu Pferd

Tipp 8
Nichts für blutige Anfänger
und kleine Kinder: ein mehr-
tägiges Alpen-Reittrekking mit
Übernachtungen in Alphütten
auf Routen im oberen Maggia-
tal, aber auch bis auf den
Gotthardpass, zum Ritomsee
und auf den Lukmanierpass.
Der Bauernhof Bettosini in
Lodano organisiert vielseitige
Trekks mit spezialisierten
Führern (rund 300 CHF pro
Tag und Person mit Ver-
pflegung und Übernachtung).
Telefon 079 651 21 23

Einziges deutsch-sprachiges Dorf im Tessin:
Bosco Gurin

Tipp 9
Ein Kuriosum ist der Ort
Bosco Gurin, die höchstgelegene Dauersiedlung des
Tessins (1506 m ü. M.): Die
Siedlung wurde im 13. Jahrhundert von Walsern gegründet und blieb das einzige
deutschsprachige Dorf des
Kantons. «Sunnu oder Räge,
va Gott der Säge», steht auf
der Sonnenuhr am Kirchturm.
Bemerkenswert ist weniger
das Ortsbild als die reizvolle
Anfahrt. Das kleine Dorf in

einem Seitenarm des Maggia-
tals, dem Valle di Bosco, gilt
als ausgezeichneter Ausgangs-
punkt für Wanderungen und
Skitouren (Nachteil: kaum
Sonne im Winter). Die
Geschichte des Ortes ver-
mittelt das Volkskundliche
Museum, das sich in einem
ursprünglichen, hölzernen
Walserhaus unterhalb der
Kirche befindet.
Auskünfte über
Telefon 0848 66 85 85
www.bosco-gurin.ch

Leckerbissen für Eisenbahnfreaks:
Centovallibahn

Tipp 10
Der mit 65 Metern höchste
Campanile des Tessins mar-
kiert den Eingang ins «Tal
der hundert Täler» (seine
Einwohner legen Wert dar-
auf, dass es nicht nur «cento»,
sondern 178 Täler sind!). Er
gehört zur majestätischen
Kirche San Gottardo in
Intragna. Mit der Eröffnung
der kühnen Centovallibahn
im Jahr 1923 wurde das Tal
verkehrstechnisch erschlossen. Da hier der Leitsatz von
Goethe gilt, dass man nicht
reist, um anzukommen, sondern um unterwegs zu sein,
nimmt man es gelassen hin,
dass die spektakuläre Schmal-
spur-Eisenbahn für die 55
Kilometer von Locarno nach
Domodossola über andert-
halb Stunden braucht. Der

romantische Ausflug hat es denn auch in sich: 348 Kurven, 83 Brücken und 31 Tunnels. Und je nach Jahreszeit nehmen Sie einen ganz anderen Eindruck mit nach Hause. Die Gesellschaft der Centovalli-Regionalbahn weiss um die touristische Attraktivität der Linie und unternimmt grosse Anstrengungen, sie zu erhalten. In Camedo, dem letzten Bahnhof vor der italienischen Grenze, können Fahrräder zur Rückfahrt in Richtung Locarno gemietet werden. Das eigene Velo darf man hingegen nicht auf die «Centovallina» verladen.

Abfahrt ab Bahnhof Locarno alle 1½ Stunden. Die historischen «Tramin»-Triebwagen von 1906 (18 Plätze) können inkl. Fahrpersonal ganz- und halbtägig für Gesellschaften oder Gruppenreisen gemietet werden (ab 600 CHF). Auskünfte über Telefon 091 751 87 31 www.centovalli.ch

Mit Seilbahnen in abgelegene Weiler:
Seilbahnen Intragna–Pila–Costa und Verdasio–Rasa

Tipp 11

Von einer Talflanke zur anderen schwingen sich die Luftseilbahnen des Centovalli. Die erste der beiden hat ihre Talstation in Intragna und schwebt zuerst bis zur Zwischenstation Pila hinauf. Dann hebt sie zum schwindelerregenden Sprung bis Costa ab. Keine Autos, kein Lärm, nur Wiesen und Sonne und ein kleines Grotto erwartet einen im Weiler Costa. Sowohl von Costa wie von Pila aus kann man zu Fuss wieder ins Tal zurück. Der erste Wegabschnitt ab Costa ist etwas steil, bei Pila trifft man dann auf den alten, gepflasterten Saumweg ins Onsernonetal,

der zurück bis Intragna führt. Der Abstieg dauert bei gemütlichem Marschtempo gut eine Stunde. Die Funivia Verdasio–Rasa besteigt man einige Haltestellen der Centovallibahn weiter oben im Tal. Sie überspannt das Tal der Melezza und führt zum schönen Tessiner Bergdorf Rasa. Auch Rasa ist nur zu Fuss oder eben mit der Seilbahn zu erreichen. Das Dorf ist Ausgangspunkt für sehr lohnenswerte Bergwanderungen. Wer den Rückweg nach Corcapolo und Intragna zu Fuss zurücklegen will, muss gut zwei Stunden einrechnen. www.centovalli.ch

Fotogen:
Val Bavona

Tipp 13

Das Bavonatal wird von vielen als das schönste Tessiner Gebirgstal angesehen. In der Tat ist der Seitenarm des Vallemaggia mit seinen steilen Flanken, den hinabstürzenden Wasserfällen und den riesigen, auf dem Talboden vertreut liegenden Felsbrocken einzigartig. Der Eindruck wird verstärkt durch eine Vielzahl idyllisch in die Natur eingebetteter Weiler, in denen die moderne Architektur noch nicht Einzug gehalten hat. Stets von Bergstürzen bedroht, führten die Bavonesi ein besonders karges Leben. Erst nach 1950 wurde das Tal durch eine Strasse für den Verkehr erschlossen. Am Talende liegt das schmucke Dorf San Carlo. Es empfiehlt sich, zur Seilbahnstation hochzufahren, von wo man eine schöne Aussicht auf das Tal geniesst. Wenn es die Zeit erlaubt, sollte man mit der Seilbahn nach Robiei gondeln (die Räder dürfen leider nicht mit), wo die Kraftwerksgesellschaft ein perfektes Wegnetz angelegt hat. Auch eine Talwanderung auf dem zum grössten Teil wiederhergestellten Saumweg von Bignasco nach San Carlo ist sehr empfehlenswert.

Üppig gefaltete Granitlandschaft:
Vallemaggia

Tipp 12

Für die 5000 Bewohnerinnen und Bewohner des Valle Maggia gilt Locarno, obwohl ausserhalb des Tals gelegen, als Zentrum. Nach Locarno geht man arbeiten, einkaufen, sich vergnügen. In entgegengesetzter Richtung bewegen sich die Ströme der Erholungssuchenden. Das tief in die Tessiner Alpen eingeschnittene Tal der Maggia ist vor allem im Sommer ein Ausflugsziel ersten Ranges. Zwischen dem höchsten und dem tiefsten Punkt liegen etwa 3000 Höhenmeter, was eine grandiose botanische Vielfalt zur Folge hat: Im Vallemaggia gedeihen fast alle Pflanzenarten der Schweiz. Die Ablagerungen zwischen Avegno und Cavergno lassen erahnen, welche Gesteins- und Schuttmassen die Maggia bei Hochwasser mit sich führt. Ein Bergvorsprung schliesst das Tal ab und bildet den engen Talausgang von Ponte Brolla, wo sich die kristallklare Maggia einen Weg durch die harten Felsen gebahnt hat. Schon die Ligurier sind, vielleicht vier Jahrhunderte vor Christus durch die Schlucht von Ponte Brolla gezogen, und siedelten sich dort an, wo das Tal breiter wird: in Gordevio, Maggia und Moghegno. Von ihrer dauernden Niederlassung sind sichere Zeugen gefunden worden: Gräber mit Geräten (römische Gefässe im Museum von Cevio). Wohl wegen der naturbedingten Isolierung führten die Gemeinschaften des Tales schon von den frühesten Zeiten an ein unabhängiges Leben.
www.vallemaggia.ch

Stille Dörfer mit Terrassenlage:
Valle Onsernone

Tipp 14

Eine kurvenreiche Strecke hoch über dem Wildbach Isorno führt durch das ursprünglich gebliebene Tal, dessen Dörfer sich hoch über dem unwegsamen Talgrund auf Terrassen ausbreiten. Zeugen eines magischen Gleichgewichts zwischen Mensch und Natur sind die traditionellen Steinhäuser mit den Holzbalkonen. In Comologno, Russo, Berzona und Auressio ist diese ländliche Bauweise mit vornehmen, herrschaftlichen Häusern durchsetzt, die zum Teil aus dem 16. Jahrhundert stammen und den kleinen Bergdörfern ein aristokratisches Gepräge verleihen. Die Erträge des kargen Bodens vereinten sich mit dem Reichtum, der durch die Strohflechterei und durch die Auswanderung ins Tal floss. Jene, die es zu Wohlstand brachten, kehrten in ihr geliebtes Tal zurück und bereicherten es mit städtisch anmutenden Kunst- und Bauwerken. Sehr schön liegt die Pfarrkirche San Remigio in Loco, die im dreizehnten Jahrhundert errichtet wurde: Von hier sieht man, wo sich das Onsernonetal mit dem Centovalli vereinigt.

Eine Postkarte ohne Ränder:
Vico Morcote

Tipp 15

Ein von der Natur und den Menschen umschmeicheltes Sonntagsdorf, in heimatfilmreifer Idylle hoch über dem Luganersee gelegen. Alles atmet Frieden und Tessiner Ländlichkeit, und der Lärm der aufgeregten Welt scheint Lichtjahre entfernt. Der 260-Seelen-Ort zählt zum romantischsten, was die Schweiz zu bieten hat. Im Ort laden die beiden schmucken Restaurants «Al Böcc» und «La Sorgente» zum Bleiben ein.

Steile Bergflanken:
Val Verzasca

Tipp 16

Das enge Val Verzasca ist ein 25 Kilometer langes Tal, das sich vom Pizzo Borone in südlicher Richtung bis an den Rand der Magadinoebene erstreckt. Spätestens seit James Bond dem Tal die Ehre erwies und mit Eleganz über die 220 Meter hohe Staumauer (die höchste Europas!) hinunterstürzte, kennt fast jedes Kind das Naturjuwel im Tessin. Nicht weniger als 250 000 Menschen pilgern jährlich an die Stätte des 007-Sprungs, tun es als Bungee-Jumper dem Geheimagenten gleich oder erleben wenigstens einen Kitzel beim blossen Blick in die Tiefe (siehe Kapitel «Die 20 erlebnisreichsten Sportmöglichkeiten», Seite 144). Andere fahren weiter talaufwärts und frönen dem Badespass in der glasklaren, wildromantischen Verzasca. Ein erfrischendes Bad im Naturfluss ist unproblematisch, sofern man sich der Gefahren bewusst ist. Doch die Unfälle häufen sich. Jeden Sommer ertrinken mehrere Menschen. Auf der linken Talseite, gleich nach Vogorno, wo die Kirche San Bartolomeo einen Besuch verdient, liegt das Hangdorf Corippo, dessen geschütztes Ortsbild von nationaler Bedeutung ist und durch seine architektonische Einheit besticht. Ausgangsort und Mittelpunkt von Ausflügen in die Seitentäler ist Lavertezzo, wo der Ponte dei Salti, eine Brücke aus dem 16. Jahrhundert, die Blicke auf sich zieht.

www.tenero-tourism.ch

Intakte grüne Oase:
Valle di Muggio

Tipp 17

Das südlichste Tessiner Tal beginnt unmittelbar beim lärmenden Grenzort Chiasso, die hinterste Gemeinde Muggio (666 m) ist nur 14 Kilometer entfernt. In dem für seinen Bergkäse (formaggini) bekannten Tal entschädigen Stille und Unberührtheit der waldreichen Landschaft für die (noch) weitgehend unterentwickelte touristische Infrastruktur. Auf Terrassen zu beiden Seiten des tief eingeschnittenen Talgrundes sind einige schmucke, durch eine Strasse verbundene Dörfer verstreut. Die Zersiedelung des Tales wurde erfolgreich verhindert durch ein Verbot der Errichtung von Ferienhäusern. Im beschaulichen Ort Scudellate, ganz hinten im Tal, steht die Osteria Mancina, wo die Wirtin fremde Gäste erst nach dem letzten Einheimischen bedient. Man will sich die Ruhe so lange wie möglich erhalten und lässt lieber ein Zimmer leer, als dass man es an den erstbesten Passanten vermieten würde. Oberhalb des Dorfes gibt es Wanderwege auf den herrlichen Aussichtsberg Monte Generoso, den man nach zweistündigem Fussmarsch erreicht.

Herb, wild, ursprünglich:
Valli di Lugano

Tipp 18

Obwohl direkt vor den Toren der Südtessiner Metropole gelegen, ist Luganos hügeliges Hinterland weitgehend unentdeckt. Dabei bietet das stille Val Colla, die Capriasca und das Vedeggiotal herrliche Natur mit üppig subalpiner Pflanzenwelt, die kleinen Seen von Muzzano und Origlio, die Flüsse Vedeggio und Cassarate und die Dörfchen, die in die Berghänge hineinkomponiert scheinen. Die Täler des Luganese – auf der Strecke Vezia–Tesserete–Roveredo–Bogno–Sonvico–Davesco–Lugano–bieten sowohl Cabriofahrern als auch Mountainbikern traumhafte Routen, mit manchen schönen Plätzen zur vergnüglichen Einkehr – allen voran das «Ristorante Stazione» in Tesserete (siehe Seite 28), wo man in jeder Nuance «la piacevole leggerezza di vivere» – die angenehme Leichtigkeit des Lebens – spürt.

Vielseitiger Freizeitberg:
Monte Tamaro Abenteuerpark und Sommerrodelbahn

Tipp 19

Mit der Gondelbahn fährt man bequem von Rivera auf den Monte Tamaro, Ausgangspunkt für attraktive Panoramawanderungen im Herzen des Tessins. Ebenfalls am Berg: ein Abenteuerpark, eine Sommerrodelbahn, ein grosser Kinderspielplatz, eine Gleitschirmschule sowie eine Mountainbike-Cross-Country-Piste. Zu den Höhepunkten zählt die sogenannte Tyrolienne: Sicher am Seil hängend gleitet man 440 Meter durch die Luft. Auskünfte über Telefon 091 946 23 03, www.montetamaro.ch

Hotel-Geheimtipp am Ende der Welt: *Palazzo Gamboni, Comologno*

Tipp 20

Wenn ein Ort dem Begriff «am Ende der Welt» nahekommt, dann vielleicht Comologno ganz hinten im Onsernonetal. Mittendrin steht der «Palazzo Gamboni», ein Herrenhaus, das im 18. Jahrhundert von zurückkehrenden Auswanderern erbaut und 2001 sanft renoviert wurde. Der heutige Hotelbetrieb verteilt sich auf den alten Teil mit nahezu komplett historischem Interieur (und zwei entspre-chend ausgestatteten Zimmern) und den angrenzenden Neubau mit drei schlicht-modernen Zimmern. Im Palazzo wird lediglich das Frühstück serviert, zum Mittag- und Abendessen empfiehlt sich die benachbarte «Osteria Al Palazign» – hier tafelt und trifft sich der Ort.
6663 Comologno
Telefon 091 780 60 09
DZ ab 176 CHF
www.palazzogamboni.ch

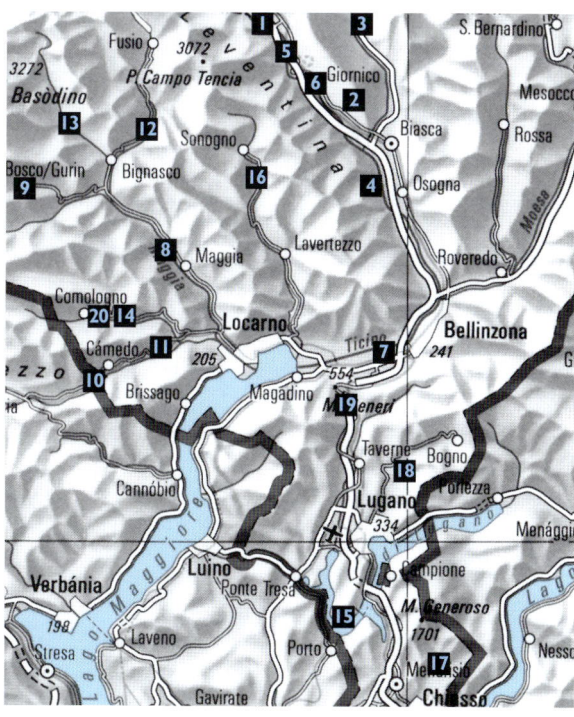

Jede Menge Nervenkitzel:
Centovalli Outdoor Center, Intragna

Tipp 1

Sie möchten Ihre Ferien im Tessin nicht auf das traditionelle Dolcefarniente beschränken? Können Sie haben: In Intragna, am Eingang zum Centovalli, bietet das unkonventionelle Centovalli Outdoor Center eine Wundertüte von verrückten Abenteuern. Während dem ein- bis dreitägigen Erlebnisprogramm wird nicht nur gebikt und geklettert, sondern auch von Wasserfällen abgeseilt, in der eisigen Maggia gefloatet und ohne Aufhebens von der Centovallinabrücke gesprungen. Um Angst zu kriegen, bleibt nicht viel Zeit. Nach einer zehnminütigen Einführung steht der Teilnehmer unversehens über einem 70 Meter hohen Abgrund. Es braucht einige Überwindung, sich tatsächlich in die Schlucht zu stürzen. Das Leben hängt zwar nicht gerade an einem dünnen Faden, aber doch auch an nicht mehr als an einem dicken Strick. Irgendwann lässt einen einzig das Wissen um eine hundertprozentige Erfolgsquote den Schritt hinaus ins Leere tun. Wohl die wenigsten können es sich in diesem Augenblick verkneifen, sich zumindest für einen kurzen Moment als Held zu fühlen. Und den am Bungee-Seil erworbenen Mut kann man gleich weiterverwenden: beim Canyoning, Sportklettern, MTB-Downhill-Biking – junge Sportarten, sich mit sich selbst und mit der Natur zu messen. Eher bürotrainierte Naturen soll das Centovalli Outdoor Center in der Arena von Intragna nicht von einem Abstecher auf der Zuschauerterrasse abhalten: hier herrscht eine Mischung aus Pfadi-Romantik, Survival-Touch und Gruppenerlebnis.

Information und Reservation: Trekking Team, Telefon 091 780 78 00, www.trekking.ch. Bungee-Sprung Centovalli-Brücke 135 CHF; Canyoning ab 110 CHF (½ Tag). Siehe auch 007-Bungee-Jumping «Goldeneye» (Seite 140). Betriebszeit: April bis Oktober. Telefonische Reservation unbedingt erforderlich.

Es ist noch kein Meister vom Himmel gefallen: Fallschirmsprünge im Para Centro Locarno

Tipp 2

Mit einem Fallschirm von 3500 Meter Höhe zu Boden segeln kann man im Para Centro Gordola, das dem Flughafen von Locarno angeschlossen ist. Wer keine speziellen Vorkenntnisse mitbringt, bucht einen Tandemflug und lässt sich von einem erfahrenen Passagierpilot in die Lüfte entführen. Nach einer Vorbereitungszeit von nur 20 Minuten sind Sie bereit, Ihren ersten Freifall – natürlich zusammen mit einem der erfahrenen Tandeminstruktoren, der eigentlich alle Schlüsselfunktionen des Sprungablaufes übernimmt – zu erleben. Pro Jahr werden im Centro rund 20 000 Absprünge durchgeführt. Davon sind etwa 1500 Erstabsprünge, hauptsächlich Tandemsprünge. Wer alleine springen will, muss eine 7-tägige Ausbildung zum Fallschirmspringer absolvieren. Der Grundkurs beginnt regelmässig jeden Montag und dauert bis zum nächsten Sonntag (März bis Oktober). Natürlich muss man sich vom ersten Absprung an bewusst sein, dass Fallschirmspringen eine ganz besondere Sportart ist, die keine Halbheiten verträgt. Grobes Fehlverhalten und insbesondere Disziplinlosigkeit können fatale Folgen haben. Dafür brechen die meisten Teilnehmerinnen und Teilnehmer nach einem geglückten Sprung in wahre Freudentänze aus. Das begehrte Brevet hat es in sich: Die professionelle Ausbildung, der Zusammenhalt in der Gruppe, die angenehme Ferienatmosphäre und das kollegiale Verhalten auf dem Sprungplatz machen süchtig nach mehr.
Telefon 091 745 26 51. Tandemsprung 425 CHF (jederzeit nach telefonischer Vereinbarung durchführbar); Grundkurs mit 8 Sprüngen: 2980 CHF. www.paracentro.ch

Für Schwindelfreie:
Klettergarten Palestra di Roccia San Paolo, Bellinzona

Tipp 3

Die Granithänge in den Tessiner Tälern geniessen unter Freeclimbern ein hohes Ansehen. Auf den Denti della Vecchia, in der Region Valli di Lugano, befinden sich 60 verschiedene Kletterwege. Wer nicht gleich aufs Ganze gehen möchte, kann sich in den Klettergärten von Arcegno, Tegna oder Ponte Brolla am Eingang zum Vallemaggia versuchen. Trainieren kann man das ganze Jahr über im Klettergarten Palestra di Roccia San Paolo in Bellinzona. Auf einem Gelände von 30 000 Quadratmetern haben Waghalsige unter den 23 markierten Kletterrouten vom Schwierigkeitsgrad 6 bis 2 die Auswahl. Auch Anfänger sind willkommen, müssen jedoch mindestens zwei Tage Grundschulung mit einem Instruktor einrechnen, bevor sie sich an die leichteren Felsen wagen dürfen. Die Ausrüstung wird auf Wunsch zur Verfügung gestellt.
Via Pedemonte
Telefon 091 826 i3 3i

Ungewohnt:
Skifahren und Skitouren im Tessin

Tipp 4

Wenig bekannt noch ist das Tessin als Wintersportregion mit insgesamt 9 Skigebieten: Airolo-San Gottardo, Carì, Nara-Leontica, Campo Blenio-Ghirone, Campra-Olivone, Monte Carasso, Madonna del Sasso-Cardada, Grossalp Bosco Gurin, Monte Tamaro, Monte Lema. Auf den Aussichtsbergen Cardada-Cimetta ob Locarno, dem Monte Tamaro und dem Monte Lema kann man mit spektakulärem Panoramablick über die Seen skifahren oder langlaufen. Ideale Ausgangsorte für Ski-

touren sind Airolo (Touren im Bedrettotal, in der oberen Leventina und im italienischen Formazzo), Olivone im Bleniotal (Touren im Bereich des Lukmanierpasses, in der Adulagruppe und im Greinagebiet) und Bosco Gurin.
Information bei Ticino Turismo,
Telefon 091 825 70 56

Glasklar:
River Diving in Verzasca und Maggia

Tipp 5
Tauchen in Tessiner Bergflüssen gilt selbst unter erfahrenen Tauchern als Erlebnis der Extraklasse. Das Wasser ist so klar, dass die Sicht noch in mehreren Metern Wassertiefe praktisch ungetrübt ist. Vorsicht ist jedoch angebracht: Tauchen in Verzasca und Maggia erfordert in jedem Fall viel Erfahrung. Wer nicht Profi und ortskundig ist, dem seien geführte Tauchgänge durch eine ortsansässige Tauchsportschule empfohlen.
Crazy Shark, Gordola
Telefon 079 515 10 30
www.crazyshark.ch

Società Sub Aqua, Tenero-Contra,
Telefon 091 745 01 14,
www.subtenero.ch

Feuchtfröhliches Vergnügen:
Wasserski

Tipp 6
Schnelles Vergnügen auf Wasserskis bieten diverse Wassersportclubs und Hotels an.
Club Nautico Lugano
Melide
Telefon 091 994 12 56

Watersports
Bagno Pubblico Tenero
Telefon 079 685 58 17
www.watersports.ch

Hotel du Lac
Lugano
Telefon 091 986 47 47

Scuola Vela
Ascona
Telefon 091 791 51 85
www.asconautica.ch

Luftsprünge:
Team Volo Libero, Monte Generoso

Tipp 8

Kein Motor, kein Lärm, keine Verkehrsampeln: Wer dem Alltag davonschweben und das Tessin im Vogelflug erkunden will, lernt Gleitschirm- oder Deltafliegen mit dem Team Volo Libero auf dem Monte Generoso.
www.montegeneroso.ch,
Giorgio Calzascia,
Telefon 079 455 47 69

Ultimativer Kick für Hobby-Agenten:
007-«Goldeneye»-Bungee-Jumping

Tipp 7

Millionen Kinobesuchern stockte der Atem, als sich im James-Bond-Thriller «Goldeneye» der Geheimagent im Dienste Ihrer Majestät mit Eleganz von einer Staumauer stürzte und lediglich ein Gummiband den freien Fall aufhielt. Diese Szene spielte sich an der Verzasca-Staumauer (220 Meter Höhe) ab, und genau dort organisiert das Trekkingteam ein nicht weniger aufregendes Spektakel: das 007-«Goldeneye»-Bungee-Jumping. Wie der smarte Agent können Erlebnishungrige ihren Adrenalinspiegel heben und von der Staumauer in die Tiefe hüpfen. Für die Sicherheit sorgen professionelle Jump-Master. Den Mut müssen Sie allerdings selbst mitbringen.
Telefon 091 780 78 00,
www.trekking.ch
1. Sprung inkl. Training und Drink 255 CHF, 2. Sprung 125 CHF
Nachtspringen auf Anfrage
April bis Oktober

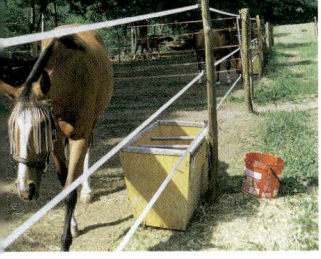

Das Tessin zu Pferd entdecken:
Ranch Amlögna, Maggia

Tipp 9
Wie wäre es mit einem kleinen Ausritt? Vom Pferderücken aus lässt sich das Maggiatal besonders geniessen. In der Ranch Amlögna der Familie Maccarinelli in Maggia kann man für 30 Franken in der Stunde Freiberger Stuten mieten und geführt oder ungeführt über Bergpfade und durch Kastanienwälder reiten.
Telefon 091 753 28 53

Horse-Trekking in den Alpen:
Scuderia La Bolla, Quartino

Tipp 10
In der Region Gambarogno bietet die Scuderia La Bolla in Quartino ein zweitägiges Pferdetrekking auf den Monte Tamaro an (250 CHF inkl. Unterkunft).
Telefon 079 331 23 52
www.scuderialabolla.ch

Traumrunden:
Golfplätze Ascona, Losone und Magliaso

Tipp 11
Schlag auf Schlag Landschaftserlebnisse: Die Golfanlagen von Ascona, Losone und Lugano-Magliaso (alle 18 Loch) zählen zu den schönsten Anlagen der Schweiz. Die Fairways und Greens harmonieren prächtig mit der Landschaft – ideale Spielwiesen für den Drive mit Stil und Putt mit Gefühl, für Birdies, Eagles und andere seltene Vögel. Tipp für Schlagfertige: Viele Hotels bieten attraktive Arrangements für Golfer mit Handicap max. 30 an.
Golf Club Lugano-Magliaso, Telefon 091 606 15 57, www.golflugano.ch
Golf Club Patriziale Ascona, Telefon 091 785 11 77, www.golfascona.ch
Golfplatz Gerre Losone, Telefon 091 785 10 90 www.golflosone.ch

Romantisch:
Vita Parcours Monte Verità

Tipp 12
Wer den Monte Verità besteigt und neben einem Besuch der «Casa Anatta» (Gründerhaus und heute Museum der Naturkinder) etwas für die Fitness tun möchte, der begibt sich auf den 2,5 Kilometer langen Vita Parcours Monte Verità, der durch Wald und Hügel zu herrlichen Aussichtspunkten mit Blick über den See und die Bergwelt führt. Start: Parco Parsifal, Ascona.

Fahrt ins Blaue:
2-Tage-Segeltörn auf dem Lago Maggiore

Tipp 13

Beginnen wir mit einer Gebrauchsanweisung: Nehmen Sie sich Zeit! Sie muss ja nicht gleich stehen bleiben, aber dehnbar sollte sie sein. Denn auf einer Zweimasterjacht unter geblähten Segeln langsam ins Abendrot segeln, das heisst den See und die Landschaft im Slow-Motion-Tempo erleben, mit höchstens acht Knoten, also weniger als 15 Stundenkilometern. Die richtige Geschwindigkeit für ein geruhsames Wochenende, in dem Zeit nichts und der Moment alles ist. Ein romantischer Traum, der auf dem Lago Maggiore auch ohne Segelkenntnisse Wirklichkeit wird: Die Segelschule Ascona bietet während der Sommersaison zweitägige Fahrten in Begleitung erfahrener Skipper an. Für diese Segeltörns stehen zwei hochseetaugliche Jachten zur Verfügung: Das Flaggschiff ist die 14-Meter-Jacht «Escapade», die nach einer Totalrevision wieder im alten Glanz (und Teakholz) erstrahlt. Die Passagiere finden bequem in Kojen Unterkunft. Dazu ein wichtiger Tipp für Segelneulinge, damit der erste Törn nicht auch gleich der letzte wird: Man sollte meinen, dass es kein grosser Unterschied

ist, ob so ein Segeltörn einen Tag dauert, oder ob man über das Wochenende unterwegs ist. Bei einer Crew, die sich schon gut kennt, ist es tatsächlich ziemlich egal. Für einen Anfänger jedoch liegt zwischen diesen Varianten eine ganze Nacht. Und dies ist sehr wohl ein Unterschied zu einem kurzen, gemütlichen Tagestörn aus. Auf dem See ist das nicht so wie zu Besuch bei Freunden, wo man das Gästezimmer zugewiesen bekommt. Die räumliche Enge auf einem (kleinen) Boot führt zu einem gewissen Mass an Intimität, zu der man vielleicht nicht bereit ist. Ein Tagestörn bietet Ihnen alle Vorteile und hat nur einen Nachteil: Wenn Sie sich gerade an das Boot gewöhnt und so richtig Spass am Segeln gefunden haben, ist die Sache

schon wieder vorbei. Und der 65 km lange Lago Maggiore bietet nicht nur meist günstige Winde, sondern auch grenzenlos schöne Landschaften mit mediterranem Charme und einem Hauch von Südsee. Dazu zwei Tage Hoch(see)stimmung, die Romantik einer Nacht vor Anker, die leidenschaftlich dargebotenen Geschichten des Skippers vor dem Schlafengehen, das Bordleben – wer das einmal erlebt hat, möchte gleich wieder eine Jacht chartern und dem Alltag davonsegeln. Information und Reservation über Scuola vela Ascona, Telefon 091 791 51 85, www.scuolavelaascona.ch

Über Stock und Stein:
Bike Park Monte Tamaro und Nara Bikepark

Tipp 14
Bei der Mittelstation der Monte Tamaro-Luftseilbahn ist ein Mountainbike-Gelände mit zahlreichen Hindernissen eingerichtet, an denen Biker ihre Geschicklichkeit unter Beweis stellen können. Auch gut: Die Downhill-Piste im Nara Bikepark (Bleniotal), die sich über 3,3 Kilometer auf 450 Höhenmetern erstreckt.
www.montetamaro.ch
Telefon 091 946 23 03
www.nara.ch
Telefon: 091 871 11 11

Easy Biking:
Mit dem Velo rund um den westlichen Luganersee

Tipp 15
Eine praktisch ebene Veloroute führt auf guten Fahrstrassen rund um den westlichen Teil des Luganersees (Melide–Bissone–Capolago–Riva San Vitale–Brusino–Porto Ceresio–Brusimpiano–Lavena–Ponte Tresa–Caslano–Magliaso–Agno–Figino–Morcote–Melide). Nur den Monte Caslano umrundet man auf dem am See verlaufenden

Spazierweg. Diese Seeumrundung ist sehr populär, und man wird an schönen Wochenenden viele Radler antreffen, leider aber auch viele Automobilisten. Die Tour ist aber landschaftlich derart reizvoll, dass es sich lohnt, diesen Nachteil in Kauf zu nehmen. Man durchfährt viele hübsche Dörfer, und es bestehen unzählige Möglichkeiten, Durst und Hunger zu stillen. (Gesamt-Weglänge: 53 Kilometer, Fahrzeit 3–5 Stunden)

Mountainbike-Rundfahrt:
Durch die Hügellandschaft des Mendrisiotto

Tipp 16
Das Mendrisiotto kann man etwas vereinfachend als eine weite, von sanften, teils bewaldeten Hügeln eingefasste Ebene charakterisieren. Eine beliebte Mountainbike-Route für geübte Fahrer umrundet die Ebene auf dem sie umgebenden Hügelkranz abseits des grossen Verkehrs teils auf Naturwegen, teils auf Fahrstrassen – vorbei an herrschaftlichen Gutshöfen mit ihren ausgedehnten Weinbergen, durch Wiesen und Wälder durchstreift man die toskanisch anmutende Gegend. Man vermeidet dabei das industrielle Ballungsgebiet von Balerna und Chiasso. Start und Zielpunkt ist Mendrisio, die Tour führt über Rancate–Besazio–Clivio–San Pietro–Bella Cima–Santa Margherita–Prella–Brusata–Novazzano–Coldrerio–Corteglia zurück nach Mendrisio. Die Route ist nicht anstrengend zu fahren, enthält aber einige Abschnitte, in denen Montainbike-Erfahrung erforderlich ist. (Gesamt-Weglänge: 23 Kilometer, Fahrzeit 3–4 Stunden, Pass mitnehmen!)

Bike-Event der Superlative:
Monte Generoso Bike Marathon

Tipp 17

Start und Ziel des im Juni stattfindenden Wettkampfs befinden sich in Mendrisio, drei Rundstrecken lassen die Teilnehmer ausser Atem kommen. Die Route führt durch das Valle di Muggio und das Valle d'Intelvi über die italienisch-schweizerische Grenze bis zum Monte Generoso und zum Monte Bisbino. Die sportliche Herausforderung verlangt physische Ausdauer, technisches Geschick und vor allem die Fähigkeit, mit den eigenen Reserven umgehen zu können. Auch für die Zuschauer ist der Event ein Erlebnis.
Informationen:
Telefon 079 812 54 45
(13–20 Uhr)
www.montegenerosobike-marathon.ch

Abwechslungsreiche Velorundfahrt:
Locarno–Luino–Ponte Tresa–Monte Ceneri–Locarno

Tipp 18

Eine sehr empfehlenswerte Rundfahrt mit dem Fahrrad bietet die Strecke von Locarno dem Gambarognoufer entlang nach Luino (36 km), von dort über eine sanfte Schwelle nach Ponte Tresa am Luganersee und über das Vedeggiotal und den Monte Ceneri (mit 554 m der «Höhepunkt») in die Magadinoebene zurück. Gesamtstrecke: 92 km.

21 regionale Fahrradrouten:
Il Ticino in mountainbike

Tipp 19

Die Webadresse (siehe unten) mag kompliziert sein, doch sie präsentiert mit präzisen Angaben die 21 attraktivsten Velorouten verschiedenster Schwierigkeitsgrade im ganzen Tessin: Eine übersichtliche Karte für jede der Routen enthält die Beschreibung, die Längenangabe in Kilometern, den ungefähren Zeitbedarf, die Höhenunterschiede und das Höhenprofil, Angaben über die technischen und physischen Anforderungen sowie über die touristischen Besonderheiten entlang des Weges. «Il Ticino in mountainbike» kann auch als Broschüre über die Website bestellt werden (10 CHF).
www.ticino.ch/appendix/mountain_bike/welcome.jsp

Achttägige Tessin-Durchquerung mit dem Mountainbike:
TransTicino

Tipp 20

Die TransTicino verbindet die Mountainbike-Highlights des Tessins zu einer einzigartigen Reise in acht Tagesetappen: Strada degli Alpi, Passo del Sole, Lukmanier, Alpe di Gesero, Cardada, Rasa, Monte Tamaro, Monte Bar und Bellavista verheissen auf insgesamt 420 Kilometern und 11 500 Höhenmetern ungezählte Mountainbike-Erlebnisse. Die von Baumeler Reisen durchgeführte, von einem Bike-Guide begleitete und nur für geländeerfahrene Biker geeignete Tour kostet ab 1590 CHF pro Person und beinhaltet die Übernachtungen in Zwei- und Dreisternehotels inklusive Vollpension, diverse Seilbahn- und Bootsfahrten und den Gepäcktransport von Hotel zu Hotel. Durchführung einmal jährlich im September.
Information und Reservation:
Baumeler Reisen,
Telefon 041 418 65 71
www.baumeler.ch

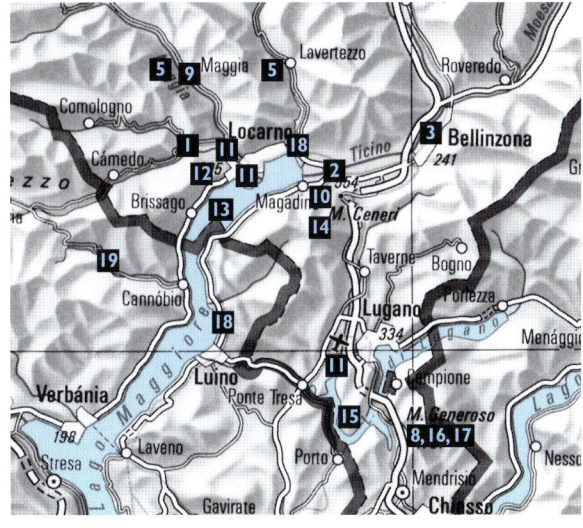

Spiel an der Grenze:
Zollmuseum, Cantine di Gandria

Tipp 1

Dass Museen nicht langweilig sein müssen und sich insbesondere auch für Jungfamilien eignen, erfährt man beispielsweise im Museo Dognale Svizzero gegenüber Gandria am Luganersee. Es dokumentiert in den originalgetreuen Räumen des einstigen Grenzpostens, wie phanta-sievoll Generationen von listigen Schmugglern vorgegangen sind, um illegal Waren über die Grenze zu bringen: Benzintanks mit doppelten Wänden, hohle Schuhabsätze und Bücher (missbrauchen Sie diese Informationen nicht!) bis hin zum raffinierten kleinen Tret-Untersee-boot; ein waghalsiger Schmuggler, der seinen Kopf knapp über Wasser hielt, steuerte das mit einer Tonne Salami beladene Unterseeboot so lange über die Seegrenze, bis er endlich im Gefängnis und das Boot im Museum landete. Die Grenze zu Italien ist 208 Kilometer lang und nicht so einfach zu überwachen. Auch heute gelangt noch einiges nach Italien (respektive in die Schweiz), ohne dass die Leute vom Zoll davon erfahren. Aber die Grenzwächter haben sich kaum mehr mit dem unrechtmässigen Transport von Lebensmitteln zu befassen und erinnern sich wehmütig an die Zeiten, als der Schmuggel von Konsumgütern noch ein roman-tisch-abenteuerliches Handwerk war, wo vermummte Gesellen bei Nacht und Nebel schwere Säcke mit Kaffee und Raucherwaren über steile Bergwege und verschlungene Pfade schlepp-ten. Denn heute haben die Zollbeamten mit Drogen-, Geld- und Waffenschmuggel zu kämpfen, der fest in den Händen von international organisierten Banden ist. Die alte Grenzwachtkaserne erinnert noch an die vergangene Schmuggelromantik. Den Weg nach Cantine di Gandria findet nur, wer via Caprino zu Fuss geht oder per Schiff ab Lugano-Paradiso fährt. Auskünfte über Telefon 091 923 98 43, täglich von 13.30–17.30 Uhr geöffnet (Ende Oktober bis Anfang April geschlossen). Eintritt frei, www.musee-suisse.ch

Kinder- und elternfreundliches Familienhotel:
Albergo Losone, Losone

Tipp 2

«Es gibt zwei Arten zu reisen, first class und mit Kindern», stellte der amerikanische Humorist Robert Benchley ernüchtert fest. Und er trifft es damit auf den Punkt: Kinder haben ganz andere Vorstellungen von Traumferien als Erwachsene. Für Kinder gehört zu einem Wohlfühlhotel Springen ins Schwimmbad, Wühlen im Sand, Wettrennen durchs Restaurant, Piratenschlacht in der Sofalandschaft, Fussballmatch in der Hotelhalle. Und für Eltern beginnen ideale Ferien dann, wenn Ruhe einkehrt, wenn man sich um nichts mehr kümmern muss, wieder Zeit für sich und füreinander hat. Welten, wie sie gegensätzlicher nicht sein könnten. Und genau deswegen arten Familenurlaube nicht selten in Stress aus. Wie der Ferientraum für die Kinder auch zu Traumferien für die Eltern werden kann, zeigt das «Albergo Losone», das an eine luxuriöse Version der «Villa Kunterbunt» erinnert. Hier kommen kleine und grosse Gäste gleichermassen auf ihre Kosten, weil das attraktive Spiel- und Abenteuerprogramm im Kinderland und das betreute Kinderessen im echten Eisenbahn-Speisewagen denselben Stellenwert geniessen wie Dolcefarniente, Kulinarik und Gastlichkeit. Auch die Schönheitsfarm und die eigene Golfanlage mit Golf-Academy versprechen Erholung vom Familienleben, und im weitläufigen Hotelpark findet sich immer ein ruhiger Ort, um ein Buch zu lesen. Hut ab vor Diego Glaus, der in seinem Ferienparadies ideale Voraussetzungen für die Erfüllung unterschiedlichster Wünsche geschaffen hat – ganz ohne dass man ständig das gefürchtete «Pssst, leiser!» hört.
6616 Losone, Via dei Pioppi 14, Telefon 091 785 70 00, Doppelzimmer ab 420 CHF inkl. Frühstück, www.albergolosone.ch

Natur und Landwirtschaft der Magadinoebene erleben:
Piano di Magadino

Tipp 3
Interessant für alle, die das landwirtschaftliche Tessin erleben möchten, ist der agrotouristische Lehrpfad in der Magadinoebene. Zu Fuss, per Fahrrad oder auf dem Pferd können Sie zwischen Bellinzona und Locarno mit eigenen Augen die Arbeit im Stall und auf dem Feld verfolgen: 40 landwirtschaftliche Betriebe lassen sich im bäuerlichen Alltag über die Schulter schauen. Zudem dienen auch die Informationstafeln, die überall aufgestellt sind, zum besseren Verständnis. In einigen Restaurants der Umgebung werden die beliebten «Piatti del Piano» mit einheimischen Erzeugnissen angeboten, oder man kauft direkt beim Bauern alles, was zu einem zünftigen Mittagessen an einer der zahlreiche Picknickstellen am Ufer des Ticino gehört. Ein Besuch auf den Bauernhöfen in der Magadinoebene ist immer einen Ausflug wert: Erwachsene können sich ein Bild der modernen Landwirtschaft machen, verschiedene Anbaumethoden kennenlernen, und Kinder können vor Ort erfahren, woher die Milch und die Cornflakes wirklich kommen.
Auskunft über
Telefon 091 795 31 15,
www.bolledimagadino.com

Reitstall mit Reitschule:
Scuderia Isola Martella, Quartino

Tipp 4
In der gelassenen Ambiance der Scuderia Isola Martella fühlen sich die Pferde und Ponys, Hunde und Hühner ebenso wohl wie die Reiterinnen und Reiter. Die flache Magadinoebene bietet sich als ideales Gebiet zum Reiten an. Kinder dürfen ab dem Schulalter (6–7 Jahre) zum ersten Mal auf den Pferderücken – es braucht etwa 5 bis 6 Stunden Unterricht, bis man sich im Sattel hält.
Telefon 079 620 31 02

Easy-Rider:
Go-Kart, Longhi

Tipp 5
Viele Eltern werden sich Sorgen machen, den meisten Kindern gefällt es aber sehr: eine Fahrt mit dem Mini-Kart auf der Piste des Kart-Clubs Locarno in der Magadinoebene. Jeden Mittwoch und Sonntagnachmittag von 14–15 Uhr dürfen hier Kinder zwischen 8 und 13 Jahren ihr Können als kleine Rennfahrer unter Beweis stellen. Das Alter allein ist dabei nicht ausschlaggebend, auch Grösse und Körperbau werden berücksichtigt. Ab ungefähr 13 Jahren darf man ans Steuer eines richtigen Go-Karts. Die Piste ist 612 Meter lang und 7 bis 9 Meter breit. Das Go-Kart-Drom befindet sich schräg gegenüber dem Flugplatz Magadino. Mini- und Go-Karts kann man vor Ort mieten.
Telefon 091 859 24 56
www.karts.ch

Geschichte hautnah erleben:
Burgen-Trio in Bellinzona

Paddelvergnügen:
Fun Rafting auf dem Ticino

Tipp 6

Der Ticino ist dank seinen langgezogenen Kurven und der gemächlichen Strömung der geeignete Kanu- und Riverrafting-Fluss für Familien mit Kindern ab 7 Jahren. Die Route führt von Osogna-Cresciano rund 15 Kilometer nach Gorduno-Bellinzona, die Fahrzeit beträgt rund anderthalb Stunden (Durchführung täglich von Mai bis Oktober). Information und Reservation: Telefon 081 911 52 50 Preis: 75 CHF pro Person (60 CHF für Kinder bis 18 Jahre) www.swissraft.ch

Tipp 7

In der Gunst der Touristen liegt die Kantonshauptstadt weit hinter den Orten an Lago Maggiore und Lago di Lugano – zu Unrecht, denn dank seines lombardischen Stadtbilds ist Bellinzona allemal einen Besuch wert. Und auf den zweiten Blick, nach oben zu den Festungen, macht die Stadt auch Kinder neugierig. Drei mittelalterliche Trutzburgen lohnen die Anfahrt, und das nicht nur als Kontrastprogramm, wenn Ihnen schlechtes Wetter den Aufenthalt an den Seen verleidet: Castelgrande, das älteste und grösste der drei Schlösser (12. Jahrhundert), zu dem von der Piazza del Sole ein Lift durch den Fels hinauffährt und das ein sehenswertes Museum zur Baugeschichte der Burg beherbergt (Darstellung der 6500 Jahre Besiedlung des Hügels, vom ersten neolithischen Dorf bis heute; Di–So 10–12.30 und 13.30–17.30 Uhr geöffnet); Montebello (13. Jahrhundert), mit dem Museo Civico, in dem regionale archäologische Funde präsentiert werden (Di–So 10–12.30 und 13.30–17.30 Uhr geöffnet); und Sasso Corbaro (1479 als Wehranlage von den Sforza gebaut) mit dem Museo dell'Arte e delle Tradizioni Popolari del Ticino (Di–So 10–12.30 und 13.30–17 Uhr geöffnet). Beim Abstieg vom Burgfelsen des Castelgrande sollte man unbedingt den Gang über die Festungsmauer (Murato sforzesca) wählen, die einst das ganze Tal abriegelte. Sie ist täglich von 10–17 Uhr geöffnet. Auskünfte über Telefon 091 825 21 31

Richtige Abenteurer wohnen im Zelt:
Campingplätze in Tenero

Tipp 8

Sobald die «Sonnenstube» ihrem Ruf wieder einmal gerecht wird, entsteht am Seeufer von Tenero jeweils eine Zeltstadt, deren Einwohnerzahl jene des Dorfes bei weitem übertrifft. Sieben Campingplätze, die zu den schönsten im Tessin gehören, reihen sich hier dicht aneinander. Die Plätze sind ausgerüstet mit allem Drum und Dran: vom Kinderspielplatz bis zum Minigolf, von der Pizzeria über die Surfschule bis zum Freilichtkino. Im Hochsommer muss man damit rechnen, dass man hier nicht alleine an der Sonne liegt. Kinder aber können Gleichaltrige treffen, spielen und im See baden. Eine regelmässig verkehrende Schiffslinie verbindet die Campings mit Locarno. Frühzeitige Reservierung der attraktiven Plätze, am besten einige Monate im voraus, empfiehlt sich auf jeden Fall.

Campingplätze in Tenero:
Campofelice *****
Telefon 091 745 14 17
www.campofelice.ch

Lido Mappo *****
Telefon 091 745 14 37
www.lidomappo.ch

Miralago *****
Telefon 091 745 12 55
www.camping-miralago.ch

Tamaro *****
Telefon 091 745 21 61
www.campingtamaro.ch

Lago Maggiore ****
Telefon 091 745 18 48
www.clm.ch

Verbano ***
Telefon 091 745 10 20

Rivabella ***
Telefon 091 745 22 13

Familienhotel für ganz Klein bis ganz Gross:
Hotel Lago di Lugano, Bissone

Tipp 9

Kinder und Eltern, denen es in diesem familienfreundlichen Aparthotel langweilig wird, sind selbst schuld. Kaum ein anderes Hotel hat ein derart umfangreiches Animationsprogramm für den Nachwuchs zu bieten: Drachen bauen, am Indianerfeuer Würste braten, im Iglu Tee trinken, Go-Kart und Wasserski fahren, Eichhörnchen füttern, Marionettentheater spielen, an der Schwimmbad-Olympiade teilnehmen, frühmorgens einen Berg erklimmen, um einmal den Sonnenaufgang mitzuerleben, auf die Suche nach Steinböcken und Adlern gehen, einen Videokurs machen, beim Grillplausch oder am Show- und Discoabend neue Kameraden kennenlernen – Kindern ab 3 und Teenagern bis 16 Jahren wird es hier gefallen. Neben der kindergerechten Einrichtung gibt es auch elterngemässen Komfort: Wer sich nicht gerade im Fitnessraum abstrampeln oder im Schönheitsinstitut verwöhnen lassen will, kann die Ruhe in der subtropischen Gartenanlage direkt am See geniessen.

6816 Bissone,
Telefon 091 641 98 00,
Fax 091 641 98 01,
Doppelzimmer ab 224 CHF
www.hotellagodilugano.ch

Wasserrutschbahn:
Lido, Ascona

Tipp 10

Das Lido von Ascona liegt am Südende des Schwemmland-Deltas der Maggia. Es besteht aus einem (eintrittspflichtigen) Strandbad und einem direkt angrenzenden (kostenlosen) Bagno pubblico. Beide verfügen über einen sehr schönen, flachen Sandstrand, beide sind rund 300 Meter lang und verlaufen flach ins klare bis leicht getrübte Wasser. Freibad wie Strandbad verfügen über reichhaltig ausgestattete Kinderspielbereiche, die weitgehend unter hohen, alten Bäumen im Schatten liegen. Hauptattraktion im Strandbad ist für kleine Badegäste jedoch sicher die 96 Meter lange und fast 10 Meter hohe Wasserrutschbahn, die im Eintrittspreis inbegriffen ist. Während Prinzchen und Prinzesschen ein paarmal runterrutschen, können Papi und Mami in aller Ruhe einen der raren Liegeplätze suchen oder sich bei Beach-Volley oder mit dem breiten Angebot der Windsurfschule vergnügen.
Telefon 091 791 52 48
Ende Mai bis Mitte September täglich 9–17 Uhr geöffnet
www.lidoascona.com

Übers Wasser gleiten:
Schiffsausflug mit dem Tragflügelboot

Tipp 11

Auf dem Lago Maggiore ist jede Schifffahrt eine «Seh-Fahrt» mit immer wieder überraschenden Aus- und Einblicken. Besonders spektakulär für Kinder sind die Tragflügelboote, die im Sommerhalbjahr jeden Morgen um 10.30 Uhr in Locarno starten und bis nach Arona im südlichsten Zipfel des Lago Maggiore flitzen. Reservation obligatorisch.
Auskunft und Reservation:
Navigazione Lago Maggiore
Telefon +39 0322 233 200
www.navigazionelaghi.it

Sportlich-familiär:
Park Hotel Delta, Ascona

Tipp 12

Das in einer subtropischen Parkanlage gelegene Ferien- und Familienhotel mit den vielen sportlichen Möglichkeiten (Hallenbad, Freibad, Golf Driving Range, Minigolf, Fitnesspavillon, Fahrräder, Tennisplätze usw.) strahlt eine für das Tessin untypische Grosszügigkeit aus. Kleine Gäste sind von morgens bis abends bestens betreut, während grosse Gäste in exquisites Dolcefarniente verfallen. Die mediterrane Küche schmeckt ausgezeichnet, und das familienfreundliche Hotelteam sorgt mit gelassener Souveränität für eine entspannte Ferienatmosphäre.
6612 Ascona
Telefon 091 785 77 85
Fax 091 785 77 35
Doppelzimmer ab 560 CHF inkl. Halbpension
www.parkhoteldelta.ch

Leichte Familien-
wanderung:
Monte Comino

Tipp 13
Im Dorf Verdasio im
Centovalli beginnt eine landschaftlich besonders reizvolle,
familientaugliche Halbtages-
wanderung: Mit der Kabinenbahn hoch zum Monte
Comino (1200 m), dann dem
angenehmen, gut markierten
Wanderweg über die beiden
Alpen Dröi und Selna bis
nach Costa folgen, wo das
sehr empfehlenswerte
«Grotto Comino» auf Gäste
wartet. Von dort zu Fuss
oder mit der Kabinenbahn
talwärts nach Intragna.
Informationen:
Telefon 091 798 13 93,
www.comino.ch
Die Kabinenbahnen
Verdasio–Monte di Comino
und Intragna–Costa fahren
von März bis November
tagsüber regelmässig.

Ticino granito:
Fratelli Campana,
Riveo

Tipp 14
Es stiebt und lärmt bei den
«Graniti», den Steinbrüchen
des unteren Maggiatals. Die
Fratelli Campano in Riveo er-
läutern ihr «landfressendes»
Gewerbe interessierten Be-
sucherinnen und Besuchern
gern. Man traut seinen Augen
kaum, wie sich die winzigen
Maschinen in gewaltige Fels-
pyramiden hineinsägen. Aber
die Bagger und Dampfhäm-
mer sind nur Grobwerkzeug;
vor allem die Feinbearbeitung
verdient Bewunderung.
Liegen erst einmal die tonnen-
schweren Quader bereit,
widmet sich ihnen der
«scalpellino». Er schlägt einige

Meissel in gleichmässigen
Abständen in den Gneisblock
und treibt sie dann behutsam
tiefer, lauscht dabei wie ein
Klavierstimmer. Denn jede
Diskordanz im Gefüge verrät
sich im Klang.
Anmeldung für Führungen:
Telefon 091 754 11 39
www.cavecampana.ch

Einstieg in die Welt der Kunst:
Museo in Erba, Bellinzona

Tipp 15
Ziel des Museo in Erba ist es, Kindern zwischen 4 und 11 Jahren die Welt der Kunst auf spielerische Art näher zu bringen. Durch Spiele und Animationen lernen sie Magritte, Monet, Picasso und Gauguin kennen und erhalten Einblicke in ein Maleratelier.
Piazza Giuseppe Buffi 8
Telefon 091 835 52 54
www.museoinerba.com

Einzigartig:
Museo della pesca, Caslano

Tipp 16
Legionen von nordländischen, überwiegend betagteren Touristen drängen sich in all den mehr oder weniger authentisch aufgeputzten Dorfmuseen, wo fleissig gewoben und gesponnen wird. Immerhin gibt es auch in dieser Richtung Charmantes zu entdecken, zum Beispiel das Fischereimuseum in Caslano. Hier wird man daran erinnert, dass es im Luganersee von (essbaren) Fischen früher nur so wimmelte und die Fischerei auf den Seen für viele Tessiner Familien einst eine wichtige Einkommensquelle war. Heute gibt es im Tessin nur noch wenige Berufsfischer. Das einladende Museo della pesca dokumentiert dieses einst lebenswichtige Gewerbe von der Steinzeit bis in die Gegenwart. Gezeigt werden über 500 Fischereigeräte und Zubehör, antike Münzen mit Abbildungen von Fischen, präparierte Fische, ausserdem Aktivitäten der Fischwehre für Aale in der Tresa.
Via Meriggi 32
Telefon 091 606 63 63
Dienstag, Donnerstag und Sonntag von 14–17 Uhr geöffnet (November bis März geschlossen)
www.museodellapesca.ch

Mini-Schweiz:
Swissminiatur, Melide

Tipp 17

In Melide können sich Kinder – Erwachsene erst recht – wie Gulliver im Reiche Liliput fühlen, in einer heilen Miniaturschweiz im Massstab 1:25. Sie besteht hauptsächlich aus den Zeugnissen vergangener Epochen: Burgen und Schlössern, Kirchen und Klöstern, unversehrten, geschlossenen Stadtbildern und blumengeschmückten Bauernhöfen sowie einem 3560 Meter langen Geleisenetz, auf dem rund 30 Modelleisenbahnzüge summend ihre Runden drehen. Trachtengruppen «beleben» die Plätze der winzigen Dörfer und acrylgrünen Wiesen, aus den ländlichen Gegenden erklingt Volksmusik

ab Band, und aus den Kathedralen Orgelrauschen. Kinder mögen es, die meisten Eltern auch, und diese «Landeskunde» am heiteren Luganersee ist alleweil amüsanter als die meisten Schulbücher. Am schönsten ist die Anfahrt per Schiff (ab Lugano).

Telefon 091 640 10 60
Täglich von 9–18 Uhr geöffnet (November bis Mitte März geschlossen)
www.swissminiatur.ch

Tierisch:
Zoo al Maglio, Magliaso

Tipp 18

Was nicht einmal Einheimische wissen: Das Tessin hat einen Zoo! Er liegt versteckt am Flussufer der Magliasina unter schattigen Bäumen und beherbergt über hundert Tiere aus aller Welt. Viele dürfen gefüttert werden, geeignetes Tierfutter wird an der Kasse verkauft. Allerdings dösen die Raubkatzen tagsüber meist friedlich vor sich hin. Dafür vergnügen sich die Affen – zum Spass der ganzen Familie.

Telefon 091 606 14 93
April bis November täglich 9–19 Uhr, November bis März täglich 10–18 Uhr geöffnet
www.zooalmaglio.ch

Welt der Komik:
Museo Comico Dimitri, Verscio

Tipp 19

Mit dem im Sommer 2000 eröffneten Museo Comico hat sich Dimitri einen langjährigen Traum erfüllt. Die Einrichtung des kleinen Museums, das an Vorstellungstagen seines populären Kleintheaters (siehe Seite 61) geöffnet ist, besorgte der unlängst verstorbene Kunstimpresario Harald Szeemann. Ausgestellt sind Plakate, Fotos, Musikinstrumente, Requisiten, Masken, Clowns und Elefanten verschiedenster Art, Skulpturen und Spielzeuge. Alle Objekte stehen in direktem Zusammenhang zum komischen Theater, zum Zirkus und zum Clown. Dazu werden Filme von grossen Komikern, insbesondere vom König der Clowns, Grock, gezeigt.
Telefon 091 796 25 44
An Vorstellungstagen (März bis November) 17–24 Uhr geöffnet
www.teatrodimitri.ch

Schlechtwettertipp:
Wasser-Hallenparks in Locarno, Balerna und Savosa

Tipp 20

Drei Wasser-Hallenparks mit Erlebnisschwimmbädern, spektakulären Rutschbahnen, separaten Kinderbecken und Wellnessbereichen bieten bei jedem Wetter ein feuchtfröhliches Vergnügen.

Lido Locarno, Locarno
Via Respini 11
Telefon 091 759 90 00
Täglich 8.30–21 Uhr geöffnet
www.lidolocarno.ch

Parco Acquatico California, Balerna
Via San Gottardo 4
Telefon 091 695 70 00
Montag bis Freitag 8.30–22 Uhr, Samstag und Sonntag 9–20 Uhr geöffnet
www.california-acquapark.ch

A-Club, Savosa
Via Campo Sportivo
Telefon 091 966 13 13
Montag bis Freitag 6.30–22 Uhr, Samstag/Sonntag 9–20 Uhr geöffnet
www.a-club.ch

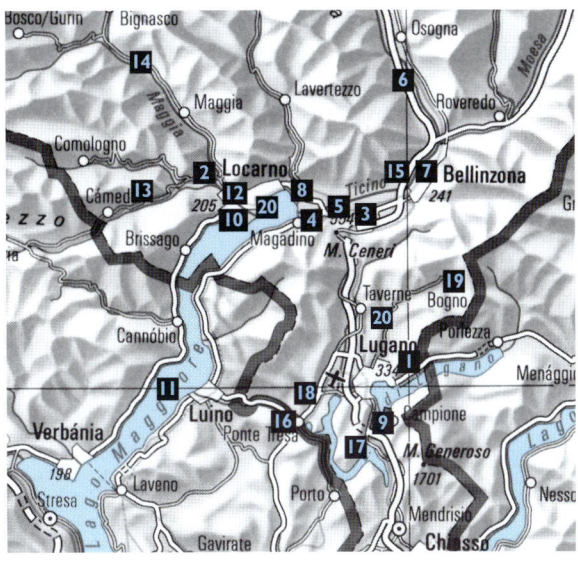

In beste Küchenkreise aufgestiegen:
Polenta

Tipp 1

Die viel gerühmte Tessiner Küche gibt es ja eigentlich fast nicht. Es ist eine Küche, die von der Lombardei geprägt wurde, und es war eine Armeleute-Küche. Hiess es früher einmal «morgens, mittags und abends Polenta und sonst nichts», hat der Maisbrei in jüngster Zeit Küchenkarriere gemacht und ist für die Köche – ob Dreisterne-Profi oder Privat-Küchenchef(in) – zum Gesprächsstoff geworden. Wie Polenta zu sein hat, darüber scheiden sich die Geister. Einig ist man sich darüber, dass Polenta heiss gegessen werden muss, so heiss, dass man sich gerade nicht die Zunge daran verbrennt. Als Beilage zu «coniglio» (Kaninchen), vor allem aber zu «brasato» (Rindsschmorbraten) gibt es kaum etwas Köstlicheres. Die richtige Tessiner Polenta ist eigentlich schnittfest. Man müsste sie mit einer Schnur schneiden können. Die flüssige Polenta, die wir kennen, die ist nicht original. Es ist die Kruste, das leicht Angebrannte, das den Geschmack gibt. Da muss man viel rühren und immer viel Luft einarbeiten. Also nur Salz ins Wasser und keine Bouillonpaste und ähnliche Spässe. Auch keine Milch. Der Trick ist nun, die Polenta mit kaltem Wasser anzusetzen und den Mais kalt beizugeben. Natürlich muss man dann noch mehr Acht geben, dass die Polenta nicht anbrennt. Aber so quillt der Mais besser auf. Wenn Sie den Mais ins heisse Wasser geben, dann bindet der sofort ab und verbindet sich nicht mehr gleich gut mit dem Wasser. Fertig ist die Polenta, wenn sie sich vom Topfrand löst und am Holzlöffel so gut wie nichts mehr hängen bleibt. Das dauert so etwa eine Stunde. Dann kann man die Polenta auf ein Brett stürzen und zerschneiden. Wer nachmittags so gegen 17 Uhr in einem Grotto einkehrt, kann zuschauen, wie der Polenta-Kupferkessel über das offene Feuer gehängt wird.

Hochprozentiger Genuss:
Grappa

Tipp 2

Der Grappa, dieses antike und köstliche Destillat aus Traubentrester, das im Brauchtum der Tessiner Bevölkerung so tiefe Wurzeln hat, ist auf dem besten Wege, eine neue gastronomische Dimension zu finden. Früher war Grappa ein derbes Getränk, Zeugnis des harten Lebenskampfes der bäuerlichen Vergangenheit; mittlerweile hat er sich zu einem raffinierten und edlen Produkt gemausert, das aromatisch schmeckt und nicht nur im Hals brennt. Das Brennen und Kratzen im Hals kann nur verhindert werden, wenn kein zusätzlicher Zucker verwendet und nur das Herzstück des Brandes in die Flaschen abgefüllt wird. Denn Vor- und Rücklauf – in der Fachsprache Kopf und Schwanz – bestehen aus Methylalkohol und Bitterstoffen. Der Geschmack wird weitgehend davon bestimmt, aus welcher Rebsorte der Trester stammt. Zur Zeit gewinnt der Grappa aus Americano-Trauben an Profil, eine Traube, die in der deutschsprachigen Schweiz unter dem Namen «Chatzenseicherli» eher gering geachtet ist. Zu den besten und eigenwilligsten Brennern des Kantons zählt Angelo Delea in Losone. Seine sinnlich benannten Grappe sind alle in gestylten Futura-Flaschen mit entsprechenden Etiketten erhältlich: Carezza d'autunno (Destillat aus Americana-Trauben), Filo di seta (Destillat von blauen Moscato-Trauben), Chardonnay (Grappa aus frischem Trester des Tessiner Chardonnay), Pinot nero (Grappa aus dem Trester von Tessiner Pinot noir), Vecchio rovere (Grappa aus dem Trester von Merlot-Trauben).

Vini & Distillati Delea, Losone, Via Zandone 11, Telefon 091 791 08 17, www.delea.ch

Piora-Käse

Tipp 3

Käse schliesst den Magen, das gilt auch im Tessin. Und der Käse spielt hier eine grosse Rolle. Der bekannteste – und teuerste – Tessiner Käse ist der Piora, er stammt von der Alpe di Piora oben im Valle di Leventina. Er wird aus Kuhmilch hergestellt, drei Jahre gelagert und dann vor Weihnachten auf den Markt gebracht. Gerade im Valle di Leventina wird oben in den Bergkäsereien und auf den Alpen fleissig Käse produziert, so viel, dass die dort «ansässigen» Kühe gar nicht genug Milch liefern könnten. Aber im Sommer machen die Kühe aus der warmen Magadinoebene «Urlaub» auf den Alpen und liefern ihre Milch dazu.

Formaggini

Tipp 4

Kleine, runde, weisse Käse aus einheimischer Ziegenmilch. Zusammen mit dunklem Brot und einheimischem Wein ein rustikaler Genuss. Oft werden die Formaggini in Olivenöl eingelegt und mit Salbeiblättern, Rosmarin, Thymian, Basilikum, Knoblauch, Peperoni und Pfeffer gewürzt.

Gnocchi

Tipp 5

Kleine Klösse aus Kartoffelmehl (manchmal mit Weizenmehl gemischt), teilweise mit Spinat angereichert, was ihnen eine dezent grüne Farbe verleiht. Man würzt mit Sbrinz oder Parmesan.

Risotto

Tipp 6

Das Geheimnis des typischen Risotto liegt einerseits in der Reissorte – Grundlage ist ein rundkörniger, zum Kleben neigender Reis –, andererseits an der Zubereitung: Die Reiskörner werden zunächst nur in Butter oder Olivenöl gedämpft; nach und nach wird dann heisse Fleischbrühe hinzugegeben, in der sie garen. Oft kommt noch ein Schuss Weisswein hinzu und meistens eine Prise Safran. Der einfache Reisbrei wird je nach Jahreszeit geschmackvoll ergänzt: Risotto con funghi, vor allem

zur Zeit der Steinpilze, Risotto mit Geschnetzeltem zur Zeit der Hausschlachtungen im November, Risotto mit Schnecken und anderem mehr – es gibt so viele Versionen, wie es Köche gibt.

Busecca

Tipp 7

Kuttelsuppe mit klein geschnittenem Gemüse – Kohl, Karotten, Sellerie, Lauch, Zwiebeln, Knoblauch, Kartoffeln und Tomaten. Manchmal wird etwas Speck mitgekocht und am Tisch frisch geriebener Sbrinz beigefügt.

Minestrone

Tipp 8

Der Phantasie, was die Gemüsezutaten anbetrifft, sind keine Grenzen gesetzt. Jede Köchin und Hausfrau hat ihr eigenes Rezept, das je nach Saison variiert. Die Minestrone enthält vor allem viel Gemüse, in Speck und Zwiebeln angedämpft, klein geschnittene Kartoffeln, Kräuter, Teigwaren oder Reis. Im Teller serviert, mit Sbrinz bestreut, bildet sie allein ein vollwertiges, wärmendes Essen. Allerdings ist die Königin der italienischen Suppen kein Rezept für eilige Leute: Die Kochzeit beträgt insgesamt fast 3 Stunden!

Ossibuchi

Tipp 9
In Gemüse geschmorte Kalbshaxen in Weisswein-Tomaten-Sauce. Klassische Beilage: Risotto.

Saltimbocca

Tipp 10
Eine Köstlichkeit aus Fleisch, die, wie der Name sagt, in den Mund springt. Dünne Kalbsschnitzel, auf die mit einem Holzstäbchen eine Scheibe roher Schinken und ein Salbeiblatt gesteckt sind, in Butter gedünstet, mit Marsala abgeschmeckt. Man isst Risotto dazu.

Luganighe

Tipp 11
In den Metzgereien fallen die knoblauchgewürzten Schweinswürste als faszinierende spiralig aufgerollte Endloswürste auf. Man kauft nach Gewicht und brät sie auf dem Grill.

Salami, Pancetta, Coppa, Mortadella und Rohschinken

Tipp 12
Wenn Sie unterwegs einkehren und sich einen Tessiner Teller bestellen, dann werden Ihnen all die Köstlichkeiten aufgetischt, die man heute vom Schwein herstellt, und verarbeitet wird fast alles — aber anders als bei uns. So gibt es beispielsweise keine Blut- oder Leberwurst, sondern die Innereien werden insgesamt zerkleinert, gewürzt und in Därme abgefüllt (Salami). Pancetta heisst der ausgebeinte Schweinebauch; er wird in Salzlake und mit Weisswein angesetzt, nach mehreren Tagen gerollt, dann 40 Tage aufgehängt, bevor man ihn auf Märkten und in Metzgereien erstehen kann. Coppa nennt man das Nackenstück, den getrockneten Schweinehals, mit reichlich Fett durchsetzt. Auch die Mortadella ist eine echte Tessiner Spezialität mit Schweineleber und Schweinefleisch unter Zusatz von Marsala hergestellt, es gibt sie roh oder gekocht. Rohschinken ist schliesslich das teuerste und edelste Produkt vom besten Schweinefleisch, in Salzlake und mit Rotwein angesetzt reift er vier Monate.

Pesce in carpione

Tipp 13

Aus der Not wurde eine Tugend gemacht: Um Fisch – «coregone» (Felchen) oder «trota» (Forelle) – zu konservieren, wird er gebraten und in eine Kräuter-Essig-Marinade eingelegt.

Marroni

Tipp 14

Die Edelkastanie, der Baum, der die begehrten Marroni liefert, ist seit Jahrhunderten im Tessin heimisch. Die Pflanze wurde zur Zeit der alten Römer vom Orient nach Italien gebracht und erreichte in frühchristlicher Epoche auch das Tessin. Der Baum kann bis zu 30 Meter hoch und etwa 1000 Jahre alt werden. Mit Kastanien haben in vergangenen Zeiten viele arme Tessiner Bauern den Winter überlebt. Die Früchte, die in den Tessiner Wäldern im Oktober von den Bäumen fallen, geniesst man roh, gekocht oder auf dem Feuer geröstet. Gedörrt und gemahlen gibt es daraus Kastanienmehl, das wiederum zu Brot und verschiedenen Gerichten verarbeitet werden kann. Köstlich ist auch der dunkle, ein klein wenig bittere Kastanienhonig (miele di castagno).

Torta di pane

Tipp 15

In der Tessiner Küche bleiben so gut wie keine Reste übrig. Das ist eine Konsequenz aus den Ursprüngen der Armeleute-Küche. Daher werden für die traumhafte Brottorte die Reste von altem Brot weiterverwertet, das mit Milch, Rosinen, Nüssen, Kakao, Eiweiss und Zucker angereichert und manchmal mit einem Schuss Grappa parfümiert wird.

Panettone

Tipp 16

Wenn es um süsse Backwaren geht, ist in der Regel zunächst vom Panettone die Rede, eingewandert aus der Lombardei, ein runder, hoher Kuchen aus Sauerteig und je nachdem mit kandierten Früchten versetzt.

Amaretti

Tipp 17

Eiweissgebäck aus Mandelmehl, Zucker und Bittermandeln. Passen ausgezeichnet zu Kaffee, Dessertweinen, aber auch Crème- oder Früchtedesserts.

Gazosa

Tipp 18

In jedem Tessiner Grotto gibt es die «Gazosa», die Kindern ganz besonders gut schmeckt. Das Limonadengetränk kann auch zu Hause hergestellt werden. Hier eines der zahlreichen «Geheimrezepte»: Man nehme für 10 Liter Gazosa 10 Liter Wasser, 6 Zitronen, 1,2 kg Zucker, 2–3 Salbeiblätter, eine Prise Lindenblüten, etwas Schwarztee, 1 Flasche Bier.
Das Gelbe der Zitronenschalen dünn abschneiden. Mit den Salbeiblättern und den Lindenblüten während einer halben Stunde in einem Liter Wasser sieden. Zucker und Schwarztee beigeben. Durch ein Tuch passieren. Bier sowie die restlichen 9 Liter Wasser dazugeben. In gut verschliessbare Flaschen abfüllen und kühl lagern.

Merlot del Ticino

Tipp 19

Das Tessin bringt Weine hervor, die den internationalen Vergleich keineswegs zu scheuen brauchen. In den Rebbergen gedeihen heute mehrheitlich Merlot-Trauben, die ursprünglich aus dem Bordeaux stammen. Daraus werden immer raffiniertere Rotweine gekeltert. Das Gütesiegel VITI bürgt dafür, dass die Qualitätstropfen mindestens ein Jahr lang gekeltert worden sind. Die Hauptanbaugebiete liegen in den Regionen Bellinzona und Locarno, Lugano und Mendrisio. Einen guten Überblick über die Tessiner Topwinzer und deren Spitzenweine gibt die Website www.viticoltori.ch.

Ratafià

Tipp 20

Wie in vielen Klöstern Europas begannen auch die Mönche im Tessin schon vor langer Zeit Likör zu destillieren und das natürlich von dem, was ihnen die Natur schenkte. Hier waren es die Nüsse, nicht die reifen, die im Oktober von den Bäumen fallen, sondern die grünen. Und die müssen in der Nacht vom 24. auf den 25. Juni, also an Johanni, gepflückt werden. Die Nüsse werden geviertelt und in einen verschliessbaren Behälter mit einheimischem Grappa gegeben. Nun wird die Sonne zu Hilfe geholt, d.h., man setzt das Gefäss oder die Korbflasche einen Monat an die Sonne, nimmt dann die Nüsse heraus, die jetzt einen grünen, bitteren Saft abgeben. Je nach (Geheim-)Rezept werden Zucker, Zimt, Nelke, Muskat, Vanille u.a.m. hinzugefügt. Schliesslich wird das Ganze filtriert und in Flaschen abgefüllt und fertig ist der edle Nusslikör Ratafià.

Von Natur und Menschen umschmeichelter Ferienort: *Ascona*

Tipp 1

Wenige Orte in der Schweiz sehen beim Näherkommen ganz genauso aus wie auf der Postkarte. Ascona tut es. Das ist sein Segen und sein Fluch. Denn Sommer für Sommer fallen die Touristen aus dem Norden wie die Heuschrecken ein. Die autofreie Seepromenade mit den vielen Cafés und Restaurants vor den pfirsich-, vanille-, rotweinfarbenen Häusern ist vor allem am frühen Abend eine grosse Bühne, um zu schauen, zu geniessen und natürlich auch, um gesehen zu werden. Das Panorama mit See, Bergen und den vorgelagerten Brissago-inseln sucht seinesgleichen. In den verwinkelten Gässchen des Borgo, des alten Ortskerns, reiht sich Boutique an Boutique, deren Preise jenen an der Zürcher Bahnhofstrasse kaum nachstehen. Der von der Natur und den Menschen umschmeichelte Ferienort ist seit wenigen Jahren dabei, gegen sein etwas biederes Image anzukämpfen und an die glorreichen Zeiten anzuknüpfen, als Ascona ein kosmopolitischer In-Place war. Trendbewusste Gastro-nomen, Hoteliers und Ladenbesitzer tun ihr Bestes, das unlängst noch undifferenzierte Angebot aufzumischen, das Publikum zu verjüngen und damit nicht nur dem Ort, sondern der ganzen Lago-Maggiore-Region neues Leben einzuhauchen.

Der Traum vom Süden:
Brissagoinseln und Brissago

Tipp 2

Die Isola Grande, die grössere der beiden Brissagoinseln, ist mit dem Schiff in wenigen Minuten ab Ascona oder Locarno erreichbar und verzeichnet dank ihrem exotischen Garten jährlich so viele Besucher wie keine andere Sehenswürdigkeit im Tessin (siehe Seite 98). Das Dorf Brissago, bezaubernd gegenüber den Inseln gelegen, hat im alten Teil einige prächtige Barockpalazzi und Bürgerhäuser zu bieten, die davon zeugen, dass der Ort seine Existenz nicht allein auf den Fischfang ausgerichtet, sondern von jeher vom Grenzverkehr mit Italien profitiert hat. Der Berghang oberhalb Brissago ist mit Villen vollgepflastert, unter denen sich allerdings kaum architektonische Meisterwerke finden. Wer sich eine erlesene Lage leisten kann, scheint nicht automatisch einen ebenso erlesenen Geschmack zu haben.

Allerschönster Seeblick mit Brissagoinseln:
Ronco sopra Ascona

Tipp 3
Wer die kurvige Anfahrt überstanden und sich nicht von nervös hupenden und waghalsig überholenden einheimischen Autos aus der Ruhe hat bringen lassen, wird in Ronco sopra Ascona mit einem solch gewaltigen Panorama belohnt, dass er für immer bleiben möchte. Was in zahlreichen Fällen auch geschehen ist. Das hübsche Dorf auf dem Hügel über Ascona und Brissago ist besetzt mit Residenzen und Villen, die mehrheitlich in deutschem Besitz sind. Zwar strahlt der fast museumsreife und autofreie alte Kern noch etwas Ursprünglichkeit aus, aber beschweren Sie sich nicht ob des Tourismus – Sie sind gewarnt! Im Schatten der Kapelle Marie delle Grazie, an sagenhafter Aussichtslage, befindet sich das sehr empfehlenswerte Dreisternhotel Albergo Ronco, dessen Mauern schon seit 1780 Gäste beherbergen (siehe Seite 14).

Auf Zeitreise:
Corippo, Verzascatal

Tipp 4
Eines der malerischsten Dörfer im Tessin und mit nur noch 15 ständigen Einwohnern die kleinste Gemeinde der Schweiz. Trotzdem hält das Mini-Gemeinwesen eisern an seiner 1822 errungenen Selbstständigkeit fest. Hier könnte man, ohne irgendetwas verändern zu müssen, einen Film über das bäuerliche Leben im 18. Jahrhundert drehen.

Markante Zweibogenbrücke:
Ponti dei salti, Verzascatal

Tipp 5
Die berühmte Zweibogen-
brücke bei Lavertezzo im
hinteren Verzascatal stammt
nicht, wie vielfach angenom-
men, aus der Römerzeit,
sondern aus dem Mittel-
alter und genau genommen
eigentlich aus dem 20. Jahrhundert: 1951 wurde die
Brücke durch ein Hoch-
wasser zerstört und vorüber-
gehend durch einen Steg
ersetzt. Gegen den Wider-
stand der einheimischen
Bevölkerung wurde sie 1960
wieder aufgebaut. Das Ge-
dränge und Geknipse auf der
schmalen Brücke gibt den
Argumenten beider Seiten
Recht.

Der süsse Duft des südländischen Ambiente:
Seepromenade Locarno

Tipp 6
Die Seepromenade von
Locarno hat mit ihren Palmen
und der mediterranen Vegetation viel südliches Flair,
auch wenn sie allzu augenfällig
auf Touristen aus ist.

Heissbegehrte Abkühlung:
Maggiadelta

Tipp 7

Bei heissem Sommerwetter gibt es nichts Schöneres als einen Sprung ins Wasser. Im Maggiadelta schwemmt der Fluss Sand und Kiesel auf und bildet einen sehr schönen natürlichen Strand. «Gelati» und Getränke gibt es hier von einem kleinen Boot, das am Ufer auf und ab fährt. Ein Geheimtipp ist allerdings auch der Strand am Flussdelta schon lange nicht mehr.

Baden in bizzarer Felslandschaft:
Ponte Brolla

Tipp 8

Man muss hin, obwohl alle hingehen: zum wunderschönen Badestrand unterhalb der Brücke in Ponte Brolla, wo die Maggia zum Teil skurrile Formen in die farbig leuchtenden Gesteine geschliffen hat. Da man in der Ferienzeit nicht alleine an der Sonne liegen wird und die Parkplatzsuche entnervend sein kann, benützt man mit Vorteil die Centovallibahn von Locarno aus.

Postkartendorf mit Wasserfall:
Foroglio

Tipp 9

Wer ins ursprüngliche Bavonatal fährt, passiert mit mässiger Steigung der Reihe nach die wundervoll in die Natur eingebetteten Dörfchen Fontana, Sabbione, Ritorto – allesamt hervorragende Fotografierobjekte. Dann erblickt man zur Linken den 80 Meter hohen Wasserfall von Foroglio. Dem Weiler, den man über eine Brücke erreicht, können die wenigsten widerstehen: Der ganze Ort ist Haus für Haus auf das sorgfältigste renoviert – beinahe zu sorgfältig. So kann hier das Bilderbuch-Rustico im Vordergrund zusammen mit dem tosenden Wasserfall im Hintergrund abgelichtet werden.

Touristenmagnet:
Botta-Kirche in Mogno

Tipp 10

Die kleine Bergsiedlung Mogno bei Fusio hat es zu einiger Berühmtheit gebracht. Grund ist die 1996 fertig gestellte Kirche San Giovanni Battista des Tessiner Stararchitekten Mario Botta (siehe Seite 90).

Internationales Schlangestehen am Talende:
Sonogno

Tipp 11
Im Sommer herrscht im Verzascatal viel Ausflugstrubel – vor allem in Sonogno, dem obersten Dorf im Tal. Die schmucken Häuser sind einheitlich mit Steinplatten bedeckt, die Blumen an Fenstern und Hauswänden quellen fast über. Eine Attraktion ist neben dem gut erhaltenen Ortskern mit Lokalmuseum zur Rettung ruraler Vergangenheit das Artigianato mit selbst gefärbter und verarbeiteter Wolle, eine andere ist der alte Dorfbackofen, der zeitweise wieder in Betrieb genommen wird und Sightseeing-Gruppen in Scharen anlockt.

Unverfälschtes Bergdorf im Abseits:
Indemini

Tipp 12
Das wohl einsamste Bergdorf, das unter Fachleuten als modellhafte Alpensiedlung gilt, liegt jenseits des Gambarognorückens und ist über eine ebenso romantische wie halsbrecherische Strasse von Vira über die Alpe di Neggia erreichbar. Wie sonnenliebende Pflanzen sind die steinernen und mit Holzbalkonen versehenen Häuser nach Süden ausgerichtet. Dazwischen liegt ein Labyrinth von kopfsteingepflasterten Gassen, die ausserhalb der Saison ausgestorben scheinen und während den Sommermonaten Tag für Tag von Touristenmassen überrannt werden, die auftreten wie Familie Geröllheimer auf Butterfahrt.

Der Klassiker unter den Tessiner Wanderrouten:
Strada alta della Leventina

Tipp 13
Der 46 Kilometer lange und überaus lohnende Höhenweg Strada alta della Leventina, von den Anwohnern auch augenzwinkernd Strada asfaltina genannt, führt von Airolo nach Biasca und sorgt während der Wanderzeit im Sommer und Herbst für reichlich Auftrieb (siehe Seite 119).

Baden wie am Meer:
Lido, Lugano

Tipp 14
Der Lido von Lugano betört mit weissem Sandstrand, mehreren Schwimmbecken sowie grossen Spiel- und Liegewiesen. Die an Rio de Janeiro erinnernde Szenerie zieht im Sommer Tausende von bräunungsbegierigen Gästen an – Tessiner und Touristen. Liegen, rösten, faulenzen heisst hier die Devise.

Fischerdorf wie aus dem Bilderbuch: *Gandria*

Tipp 15
Kein Tessinaufenthalt ohne Gandria-Besuch steht in allen Reiseführern. Der Massenauflauf in dem malerischen Fischerdorf, das sich mit Hunderten von Treppen und Treppchen am Fuss des Monte Brè entlangzieht, spricht für sich. Die meisten Touristen gelangen mit dem Schiff nach Gandria, stimmungsvoller und weniger überlaufen ist mit Sicherheit der 4 Kilometer lange Felsenweg von Lugano (siehe Seite 116).

Schnell abgehakt: *Morcote*

Tipp 16
Das bekannteste und meistbesuchte Ausflugsziel von Lugano besuchen viele Touristen mit dem Schiff, da es so wohl am besten seinen Charakter als (einstiges) Fischerdorf enthüllt. Der Ortskern von Morcote drängt sich als schmales Häuserband zwischen See und Berg. An der Uferstrasse reihen sich völlig austauschbare Gaststätten, die Wirte gehen fast unisono den Weg des geringsten Widerstandes – und unter den Laubengängen breitet sich eine Art Basar aus – Läden mit Ansichtskarten und Souvenirs. Den Menschen, die sich mit Morcote ihren Lebensunterhalt verdienen, steht dafür nur eine begrenzte Saison zur Verfügung. Ihr Ehrgeiz, einem das Geld abzuknöpfen, bevor der Herbst kommt und die Nachfrage nach aufblasbaren Gummibooten und echten Tessiner Souvenirs aus Ton und Wurzelholz aufhört, kann nerven.

Welt der Wunder und Kuriositäten:
Parco Scherrer, Morcote

Tipp 17
Zur Hochsaison kann die Parkplatzsuche an den engen Strassen entnervend sein. Aber ein Besuch in dem skurrilen Freilichtmuseum mit nachgebildeten Bauwerken und Figuren aus aller Welt ist trotz zahlreicher Zeitgenossen der Gattung homo fotograficus ein betörendes Erlebnis (siehe Seite 104).

Gut kapitalisierte Rentner auf Einkaufsbummel:
Luino

Tipp 19
Mittwochs im Sommer ist kein Durchkommen durch Luino. Dann ist Markt, und viele Tessinreisende verspüren eine unbändige Lust auf eine Spritzfahrt in den italienischen Ort am Lago Maggiore, wohl in der Hoffnung, ein kleines Schnäppchen tätigen zu können. Angeboten wird so ziemlich alles, was man brauchen kann – oder auch nicht.

Achtung Touristenfalle:
Grotto mit Busparkplatz

Tipp 20
Es gibt viele Tessingäste, die den lieben langen Tag nichts anderes zu tun haben, als die versteckten Geheimtipps in den Tälern zu entdecken. Den berühmten Geheimtipp gibt es blöderweise nicht, da dieses Bilderbuch-Grotto, diese Traumbeiz nullkommaplötzlich von begeisterten Wochenendgästen überrannt wäre. Allgemein lässt sich sagen: Je grösser die Hinweisschilder und Parkplätze vor den Grotti, um so schlechter das Essen.

Die Schweiz als Modell:
Swissminiatur, Melide

Tipp 18
Hier präsentieren sich die Highlights des Schweizer Tourismus auf einen Blick – vom Matterhorn über das Grossmünster in Zürich bis zu Schloss Chillon – alles im Masstab 1:25 minutiös kopiert (siehe Seite 154).

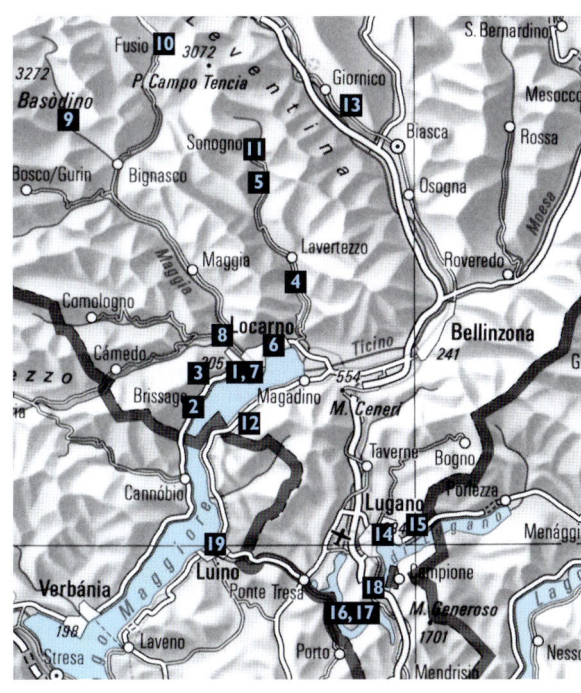

Vertiefte Kenntnis der Natur:
Centro Pro Natura Lucomagno, Olivone-Acquacalda

Tipp 1

Knapp 5 Kilometer vor dem Lukmanierpass, auf 1750 Metern über Meer wartet das im Sommer 2011 umfangreich renovierte Centro Pro Natura Lucomagno mit einer ganzen Reihe von lehrreichen Veranstaltungen, Kursen und Seminaren auf mit dem Ziel, die Beziehungen zwischen Mensch und Natur zu verbessern und eine vertiefte Kenntnis der unmittelbaren Umwelt zu vermitteln. Das Spektrum reicht von Birdwatching über thematische Wanderwochen («Pilze und Beeren der Alpen», «Auf den Spuren der Mandalas» etc.) bis zum Bau antiker Musikinstrumente. Auch Familien mit Kindern wird jedes Jahr ein reichhaltiges Programm geboten. So stehen beispielsweise (jeweils einwöchige) Kurse wie «Adler und Drachen», «Schamane, Narren und Jäger» oder «Volksmusik der Alpen» auf dem Programmangebot. Wer hier einen Kurs besuchen will, kann entweder im angeschlossenen und sehr gemütlichen Berggasthof Acquacalda oder auf dem benachbarten Campingplatz Unterkunft finden. Das Naturetum, ein Alpengarten neben dem Zentrum, ist ein idealer Ort zum Kennenlernen der verschiedenen Alpenbiotope. Der Touristik- und Kulturkomplex ist auch Ausgangspunkt zu den verschiedenen Biotopen der Region, für (auf Wunsch begleitete) Bergwanderungen um den Lukmanier sowie für Tal- oder Hochwanderungen im Valle di Blenio. Und wenn es draussen zufällig stürmt und donnert, verweilt man am knisternden Kaminfeuer in der Veranda degli Amici.

6718 Olivone-Acquacalda, Telefon 091 872 26 10, www.pronatura-lucomagno.ch

Vom Rohblock zur Form:
Bildhauerschule / Scuola di Scultura di Peccia

Tipp 2

Stein und Marmor haben seit jeher eine grosse Anziehung auf die Menschen ausgeübt. Seit der Antike waren sie das Rohmaterial für Kunstwerke. Der Marmor, von den Bildhauern dank seiner Bearbeitungsmöglichkeiten hoch geschätzt, ist ein edles Material, entstanden aus Kalk und vor Jahrmillionen durch Druck und Hitze auskristallisiert. Die verschiedenen Strukturen erzeugen im Stein natürliche unregelmässige Adern bis hin zu harmonischen, eleganten Tönungen. Der Cristallina von Peccia ist ein echter Marmor, eine geologische Sensation. Dort, wo er abgebaut wird, im Steinbruch am Fusse der Punta della Rossa im kleinen Seitental des Vallemaggia, entstand 1984 die Scuola di Scultura von Peccia. Sie bietet ideale Arbeitsbedingungen und erfreut sich eines stetig wachsenden Interesses. Hammer und Meissel sind auch heute noch die altbewährten und mythischen Werkzeuge, die dem Stein die Form geben. Und hier kann jeder wählen zwischen der «taille directe» oder der Arbeit ab Skizze und Modell. Sie wählen die Methode und das Motiv in der Auseinandersetzung mit dem Material. Die Qualität der Schule mit ihren erfahrenen Bildhauern gründet sich auf vertiefte handwerkliche Fertigkeit und gehobenes künstlerisches Niveau. Von März bis Oktober werden drei- bis vierzehntägige Kurse (Steinbildhauen für Anfänger und Fortgeschrittene, Aktzeichnen, Modellieren und Gipsabguss) und Seminare (Geologie, Kunstgeschichte) durchgeführt. Die Werke der Bildhauerschule sind auch im Dorf und in der näheren Umgebung unter freiem Himmel zu besichtigen.

6695 Peccia, Telefon 091 755 13 04, www.marmo.ch

**Ausbildungsstätte
für nautische
Führerscheine:**
*Segel- und
Motorbootschule
Yachtclub Resort,
Brissago*

**Sehen, staunen,
kopieren, probieren:**
*Kochkurse bei Rolf
Krapf, Eden Roc,
Ascona*

Tipp 3

Kochen ist in. In TV-Koch-
sendungen wie im richtigen
Leben. Mit Schürze und Stift
in der Hand können Koch-
begeisterte mit Entwicklungs-
potenzial in zahlreichen
Kursen ihr kulinarisches
Repertoire erweitern. Auch
Spitzenköche lassen sich hin
und wieder in die Töpfe
schauen, etwa Rolf Krapf, dessen Restaurant «La Brezza»
im Hotel Eden Roc in Ascona
mit ebenso leichten wie
ideenreichen südländischen
Gerichten begeistert und mit
16 Gault-Millau-Punkten ausgezeichnet ist. Der umgäng-
liche Küchenchef gibt bei
seinen mehrmals jährlich
stattfindenden Kursen sein
unerschöpfliches kulinarisches

Wissen gerne weiter und verrät dabei viele kleine Tricks,
damit der Kalbsrücken saftig
bleibt und der Hefeteig auf-
geht. «Das versuche ich
zuhause auch» ist der meist-
geäusserte Spruch der
Kocheleven.
Hotel Eden Roc, Ascona
Telefon 091 785 71 71
www.edenroc.ch

Tipp 4

Seit den frühen 1980er-
Jahren bildet die renommierte Schule von Jörg Wolff
angehende nautische Führer-
scheinaspiranten und ambitionierte Bootssportler
aus. Dabei widmet sie sich
gleichermassen dem Segel-
wie dem motorisierten Yachtsport, und zwar in Theorie
und Praxis, vom Einsteiger-
kurs über die Binnenaus-
weise bis zum Hochsee-
patent. Mindestalter für den
Motorboot-Führerausweis
ist 18 Jahre, für Segelboote
14 Jahre.
Telefon 091 793 12 34
www.yachtsport-resort.com

Von Yoga bis Aquarellmalen:
Casa Santo Stefano, Miglieglia

Einstieg für Greenhorns:
Driving Range Golfplatz Gerre, Losone

Tipp 5

«Ruhe und Erholung in gepflegter, stilvoller Einfachheit», verspricht das Gastgeberpaar Angeli und Christian Wehrli. Tatsächlich bietet ihr kleines Garni-Hotel mit Seminarhaus im Südtessin einen ansprechenden Rahmen für das vielfältige Kursangebot: Yoga, «Singen von Herzen», Wildkräuter-Koch-Wanderkurs, FineArt-Printing, Malwochen, Schmuckwerkstatt usw.

6986 Miglieglia
Telefon 091 609 19 35
www.casa-santo-stefano.ch

Tipp 6

Null Ahnung, was ein Eagle, ein Birdie, ein Putt, ein Drive zu bedeuten hat? Auf der grosszügig angelegten, für jedermann zugänglichen Übungsanlage des neuen, ganzjährig geöffneten Golfplatzes von Losone werden Greenhorns in die Mysterien des Greens eingeweiht und «platzreif» gedrillt. Spätestens dann, wenn es ihnen gelingt, den kleinen weissen Ball zum ersten Mal locker und elegant vom T abzuschlagen, werden sie wissen, warum Golf zu den schönsten Nebensachen der Welt gehört. Die entspannte Atmosphäre auf dem Golfplatz Gerre und die geduldigen Pros machen allen Anfang leicht.

6616 Losone
Telefon 091 785 10 90
www.golfgerrelosone.com

Körper- und Bewegungsausdruck:
Scuola Teatro Dimitri, Verscio

Tipp 7
Über Ostern und in den Sommermonaten bietet die Theaterschule des weltbekannten Clowns und Pantomimen Dimitri Workshops an. Die Kurse richten sich an theaterinteressierte Laien und Fortgeschrittene, die einen Einblick in die Arbeit des Bewegungstheaters erhalten wollen. Neben Kursen mit allgemeinen Themen widmen sich andere Spezialgebieten wie Pantomime, Seillaufen, Maskenspiel, Theaterimprovisation, Atemtechnik, Artistik usw. Weiter stehen im Sommer Kurse speziell für Kinder und Jugendliche auf dem Programm.
6653 Verscio
Telefon 091 796 24 14
www.teatrodimitri.ch

Nähkurse:
Atelier Gabi, Locarno

Tipp 8
Auch Nähen will erlernt sein: Gabi Julitta zeigt in ihrem Schneideratelier, wie's geht. Intensivkurs an vier aufeinanderfolgenden Tagen à zweieinhalb Stunden 160 CHF

oder normaler Kurs während 8 Wochen (jeweils 2 Stunden an einem fixen Wochentag: 250 CHF).
6600 Locarno
Via Borghese 15
Telefon 078 712 12 15,
www.gabijulitta.ch

Ton in Ton:
Keramikkurszentrum Arte Ceramica, Locarno

Tipp 9
Die Keramikerin Brigit Hurst vermittelt Anfängern wie Fortgeschrittenen ihr Knowhow. Kursinhalte: figürliches Modellieren, Objekt- und Gefässkeramik, Drehen und Raku. Auch Kinderkurse für Modellieren und Drehen stehen auf dem Programm. Das Kurszentrum befindet sich etwas versteckt in der Altstadt Locarnos, die Kurse werden je nach Bedarf in Deutsch, Italienisch oder Englisch gehalten.
Vicolo della Motta 12
Telefon 091 751 06 21
www.arteceramica.ch

Ferien mit Italienisch-Lernen verbinden:
Sprachkurse

Tipp 10
Wer den herkömmlichen Sprachunterricht zu Hause scheut, kann seinen Sprachschatz vor Ort erweitern, aufpolieren und vor allem ausprobieren.

Glossa Scuola di lingue
6616 Ascona
Via Muraccio 61/a
Telefon 091 792 17 55
www.glossa.ch

Centro Culturale Tedesco
6900 Lugano
Viale Cattanoe 27/Ecke
Viale Cassarate
Telefon 091 923 49 18
www.cct.ch

Auf den Spuren historisch-architektonischer Schätze:
Trekking Alto Ticino

Tipp 11
Von Juli bis Oktober organisiert das Trekking Alto Ticino täglich begleitete Ausflüge in Bellinzona, in der Region Biasca, in den Tälern der Leventina und im Bleniotal. Die Wanderungen – zum Teil auf alten Saumpfaden – führen zu historischen, kulturellen und künstlerischen Zeugnissen der Region: zu romanischen Kirchen, Burgen und Befestigungsanlagen wie auch zu avantgardistischen Bauwerken der modernen Tessiner Architektur. Die Preise variieren von 40 bis 60 CHF pro Person, inklusive Verpflegung und Transport.

Auskünfte beim Verkehrbüro Leventina in Airolo
Telefon 091 869 15 33

Bergsteigen für Anfänger & Fortgeschrittene:
Schweizerische Bergsteigerschule

Tipp 12

Viele Bergführer wenden sich immer mehr trendigen Outdoor-Sportarten zu. Die Schweizerische Bergsteigerschule verzeichnet aber wieder ein steigendes Interesse am klassischen Bergsteigen. Dazu bietet sie verschiedene

Kurse an. Während der Ausbildungstage werden vor allem folgende Themen behandelt: Ausrüstung, Technik, Gefahrenbeurteilung und Tourenvorbereitung. Die geführten Ein- oder Mehrtagestouren auf die höchsten und schwierigsten Gipfel der Tessiner Alpen bieten die Möglichkeit, das theoretische und technische Wissen praktisch anzuwenden. Auch im Angebot: Fels-Ausbildung (Schwerpunkte: Seilhandhabung, Klettertechnik, Abseiltechnik) und Eis-Ausbildung (Schwerpunkte: Steigeisen und Pickeltechnik, Verankerungen, Spaltenrettung). Kosten: Rund 140 CHF pro Tag (mindestens 3 Personen).
Guide Alpine Ticino
6900 Massagno
Telefon 079 740 39 80,
www.guidealpineticino.ch

Für alle Spielstärken:
Tenniskurse

Tipp 13

Folgende Tennisclubs und Hotels verfügen sowohl über eigene Tennislehrer als auch über Aussen- und Hallentennisplätze:
Tennis Club Ascona,
Telefon 091 791 42 02,
www.tennisascona.ch

Tennis Club Locarno,
Telefon 091 751 11 16,
www.tclocarno.ch

Tennis Club Lido Lugano,
Telefon 091 971 56 36,
www.tclido.ch

Hotel Castello del Sole,
Ascona, Telefon 091 791 02
02, www.castellodelsole.ch

Paradies zu mieten:
Seminare auf den Brissagoinseln

Tipp 14

Wer ein Seminar oder einen privaten Anlass in einzigartiger Umgebung veranstalten möchte, kann die Villa Emden auf der Isola Grande mit zehn Doppelzimmern und hauseigenem Catering mieten. Für die Übernachtung wird rund 110 CHF pro Person (ohne Frühstück und ohne Essen) verrechnet. Allerdings kann man nicht die Insel als Ganzes exklusiv mieten – sie muss zumindest tagsüber der Öffentlichkeit offen stehen.
Telefon 091 791 43 61
www.isolebrissago.ch

Ihre erste Flugstunde ganz ohne Formalitäten:
Piloten-Einführungskurs im Flughafen Locarno

Tipp 15

Bereits morgen können Sie nach Vereinbarung mit dem Sekretariat des Aeroporto Locarno Ihre erste Flugstunde absolvieren. Der Fluglehrer wird Sie während zwei Stunden in die Geheimnisse des Fliegens einweihen. Sie selbst werden dabei Gelegenheit haben, das Flugzeug während einer halben Stunde zu pilotieren. Nach diesem eindrücklichen Erlebnis wird Sie Ihr Fluglehrer über das weitere Vorgehen zur Erlangung des Privatpilotenausweises informieren. Sie werden erstaunt sein, wie schnell und reibungslos Sie das Fliegen erlernen können.
Informationen unter
Telefon 091 745 20 27 und
www.aerolocarno.ch

Tiefe Gefühle:
Tauchschulen

Tipp 16
Vier Fünftel der Erdoberfläche sind Wasser, für Sporttaucher gibt es noch viel zu entdecken. Auch in der Schweiz locken ungezählte reizvolle Tauchgefilde. Im Wasser zu schweben (ein richtig austarierter Sporttaucher ist im Wasser gewichtslos), Tier- und Pflanzenwelt zu beobachten, eine ganz neue Dimension zu erleben, begeistert immer mehr Tauchfreaks. Unter dem Dutzend Tauchclubs im Tessin bieten folgende vier Adressen in kollegialer und lockerer Atmosphäre professionelle Kurse für Anfänger und Profis:

Crazy Shark, Gordola
Telefon 079 515 10 30
www.crazyshark.ch

Societa Sub Aqua, Tenero-Contra
Telefon 091 745 01 14
www.subtenero.ch

Pesce Sole Sub, Castagnola
Telefon 091 971 29 89
www.pescesole.ch

Lugano Sub, Lugano-Paradiso
Telefon 091 994 37 40
www.luganosub.ch

Für Pferdenarren:
Reitschulen

Tipp 17
Die ganze Familie hoch zu Ross: In den Scuderias – so heissen die zahlreichen Reitställe und -schulen im Tessin – ist das möglich. Qualifizierte Lehrkräfte bringen den Umgang mit den Vierbeinern nahe. Wer noch keine Erfahrung hat, übt zunächst in der Halle und auf dem Reitplatz. Wer sich das nötige Rüstzeug geholt hat, unternimmt Ausritte in eine Gegend, die für Pferde geradezu geschaffen ist.

Scuderia alle Gerre, Losone
Telefon 091 791 48 35
www.gerre.ch

Scuderia Isola Martella, Quartino
Telefon 079 620 31 02

Scuderia La Bolla, Quartino
Telefon 079 331 23 52
www.scuderialabolla.ch

Scuderia Hubertus, Origlio,
Telefon 091 945 45 95
www.scuderiahubertus.ch.vu

Ein Stück Tessiner Lebenskultur:
Weindegustationen im Mendrisiotto

Tipp 18
Dort, wo die Schweiz am italienischsten ist, in der sanften Hügellandschaft um Mendrisio, wachsen die meisten Weine. Zahlreiche Weinkellereien führen nach telefonischer Voranmeldung kommentierte Weindegustationen und Führungen durch ihre Rebberge durch.

Valsangiacomo Vini
6850 Mendrisio
Viale alle Cantine 6
Telefon 091 683 60 53
www.valsangiacomo.ch

Cantina Sociale Mendrisio
6850 Mendrisio
Telefon 091 646 46 21
www.cantinamendrisio.ch

Vinattieri Ticinesi
6853 Ligornetto
Telefon 091 647 33 33
www.zanini.ch

Meditativ:
Fliegenfischerkurse

Tipp 19

In einem dreitägigen Kurs
werden die Teilnehmer in die
Praxis und die Philosophie
des Fliegenfischens einge-
führt. Es wird gezeigt, was das
Fliegenfischen so interessant
und faszinierend macht.
Neben der Wurftechnik ist
dabei das präzise Beobachten
der Natur eines der Erfolgs-
rezepte, um Forellen oder
Äschen mit der Fliege zu
überlisten. Die Kurse finden
jeweils an den Flüssen
Maggia, Ticino und Brenno
statt.
Ciccio Conradin
Telefon 044 211 55 40
www.brumann.ch

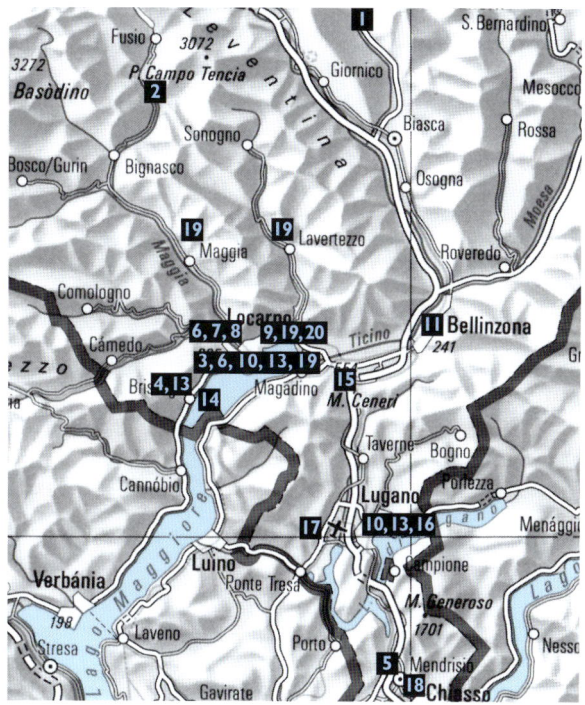

6616 Losone
Telefon 091 785 70 00
www.albergolosone.ch

Hotelalltag
schnuppern:
Albergo Losone,
Losone

Tipp 20

Während Papi und Mami im
Albergo Losone Ferien
machen, können Jugendliche,
die vor der Berufswahl stehen
und gerne einmal hinter den
Kulissen eines Hotels schnuppern möchten, eine Woche
lang in allen Sparten des Be-
triebes Erfahrungen sammeln.
Jeweils von Sonntag bis
Samstag.

179

Romantisch übernachten:
Albergo Verbano, Isola dei Pescatori

Tipp 1

Wer einmal auf einer Lago-Maggiore-Insel übernachten will, fährt auf die Isola dei Pescatori. Sie gehört nicht (wie die benachbarte Isola Bella) den reichen Borromei, sondern den Bewohnern, Fischern zumeist, und erinnert mit den bunt ineinander geschachtelten Häusern mit pflanzenumrankten Balkonen an eine griechische Insel. Direkt am Ufer liegt das «Albergo Verbano», ein sympathisches rotes Puppenhaus, dessen kleine Mängel letzten Endes seinen Charme ausmachen. Es bietet zwölf einfache Zimmer mit herrlicher Aussicht; wer hier übernachtet, hört nur noch das gleichmässige Plätschern der Wellen am Ufer. Auf der Terrasse des lauschigen Refugiums, das seit über hundert Jahren von der Besitzerfamilie Zacchera geführt wird, kann man abends im Kerzenschein und mit Blick auf die exotischen Borromäischen Inseln essen.

I-28049 Isola dei Pescatori-Stresa, Telefon +39 0323 30 408, Doppelzimmer ab 150 €, www.hotelverbano.it

Fisch je nach Laune des Sees:
Ristorante Il Porticciolo, Laveno Mombello

Tipp 2

«Pesce secondo l'umore del lage», «Fisch je nach Laune des Sees», verspricht die Speisekarte dieses direkt am See südlich von Luino gelegenen Restaurants mit einladender Terrasse. Aufgetischt werden fangfrische Seefische wie salerino (Saibling) oder lavarello. Sehr gut sind auch die Antipasti und die verschiedenen hausgemachten Brote. Wer gar nicht wieder weg will, braucht nur die Treppe hochzusteigen: In den oberen Stockwerken laden elf einfache, aber ordentliche Gästezimmer zum Bleiben ein.

I-21014 Laveno Mombello, Via Fortino 40, Telefon +39 0332 667 257, Doppelzimmer ab 97 €, Dienstag geschlossen, im Juli und August Dienstagmittag und Mittwochmittag geschlossen, www.ilporticciolo.com

Rauschende Wasserfälle:
Orrido di Sant'Anna, Val Cannobina

Tipp 3

Im Hinterland Cannobios, unweit der Schweizer Grenze, hat sich der Cannobino tief in die Felsen eingeschnitten und ein schmales Tal gebildet, das Val Cannobina. Eines der schönsten Landschaftsbilder in diesem Tal bildet der Orrido di Sant'Anna, die gleich am Taleingang gelegenen Wasserfälle. Über dem Naturspektakel thront die Kirche Sant'Anna, ein Bau aus dem frühen 17. Jahrhundert. Folgt man der Talstrasse weiter, passiert man die beiden sehr empfehlenswerten Lokale «Mulini del Mater» und «Osteria Grotto Vino Divino».

Rustikal-elegantes Ambiente:
Ristorante Mulini del Mater, Cannobio

Tipp 4

Idyllisch eingebettet ins grüne Tal, versteckt sich drei Kilometer vom Touristenrummel am See entfernt dieses rustikal-elegante Restaurant mit schöner Terrasse und einladendem Speisesaal (Sichtbalken, weisse Tischtücher und Kunst an den Wänden). Die intelligente Gelassenheit der Küche sowie die ansprechende Auswahl von 200 italienischen Weinen zieht ein breites Publikum an, und wer einmal hier war, kommt gerne wieder.

I-28822 Cannobio
Strada Valle Cannobina
Telefon +39 0323 77 290
Montag geschlossen

Unkomplizierte Lebensfreude:
Osteria Grotto Vino Divino, Cannobio

Tipp 5

Das Edelgrotto besucht, wer sich wieder mal etwas Gutes tun und einen unbeschwertgenüsslichen Sommerabend mit Freunden verbringen will. Man sitzt wunderschön im Grünen, der sardische Koch lässt kleine und grosse Köstlichkeiten zu einem guten Preis-Leistungs-Verhältnis auftragen. Und selbst wenn Sie einfach nur für einen Teller Käse und ein Glas Wein vorbeikommen, sind Sie hier ein gern gesehener Gast – vorausgesetzt, Sie haben sich einen Tisch ergattern können.

I-28822 Cannobio
Strada Valle Cannobina
Telefon +39 0323 71 919
Mittwoch geschlossen
www.osteriavinodivino.com

Feinschmeckerziel am See:
Ristorante Enoteca Del Lago, Cannobio-Carmine

Tipp 6

Hier kommt nur auf den Teller, was absolut frisch und mit einer Leichtigkeit und Einfachheit zubereitet worden ist, die man selbst in Italien schwer findet. Das Lokal liegt direkt am Lago Maggiore, verfügt über eine schöne Terrasse und die liebenswürdigsten Gastgeber, die man sich vorstellen kann. Wer sich zu ausgiebig mit der stimulierenden Weinkarte beschäftigt, kann in einfachangenehmen Zimmern übernachten.

I-28822 Cannobio-Carmine
Via Nazionale 2
Telefon +39 0323 70 595
Doppelzimmer ab 140 €
Dienstag und Mittwochmittag geschlossen
www.hoteldellagocannobio.it

Schweizerisch gepflegt mit italienischem Flair:
Albergo Ristorante Il Cortile, Cannero Riviera

Tipp 7

Der Deutschschweizer Arno Sgier hat sich im historischen Zentrum von Cannero einen Bubentraum erfüllt und aus einem 800-jährigen Gebäude eine ausgesprochen gepflegte, sehr persönlich geführte Residenz mit neun Gästezimmern und exquisitem Restaurant (während den Sommermonaten im stimmigen Innenhof) geschaffen.

I-28821 Cannero Riviera
Via Massimo d'Azeglio 73
Telefon +39 0323 787 213
Doppelzimmer ab 105 €
www.cortile.net

Gut gebettet:
Hotel Villa Margherita, Oggebbio

Tipp 8

Die Ostschweizerin Carina Meier, die während vielen Jahren im Tessin Edel-Rusticos vermittelte, suchte vor einigen Jahren nach einer privaten Behausung am See. Da ihr das residenzielle Anwesen, das zuletzt drei verschrobenen alten Damen gehört hatte und in einer Auktion auf den Markt kam, für private Zwecke eine Nummer zu gross war, entschloss sie sich, zusammen mit ihrem Mann und ihren beiden Töchtern hier ein ganz besonderes Hotel zu eröffnen. Im Sommer 2001 war es soweit: 16 einladende Zimmer von raffinierter Schlichtheit sowie zwei Traumsuiten stehen für die bunt durchmischten Gäste bereit. Frühstück gibt es bis mittags, im Restaurant werden in heiterer Gelassenheit einfache italienische Gerichte aufgetragen, und wer einmal in diesem Hide-Away eingecheckt hat, will gar nicht wieder weg.

I-28824 Oggebbio
Telefon +39 0323 491 006
Doppelzimmer ab 150 €
www.villa-margherita.it

Delikatessenladen:
La Casera di Eros Buratti, Verbania-Intra

Tipp 9

Ein aussergewöhnlicher Delikatessenladen, mit Leidenschaft geführt von Eros Buratti und dessen Mutter Carla. Bei dem überwältigenden Angebot an Köstlichkeiten fällt die Entscheidung schwer: feinste San-Iberio-Schinken, Salami mit weisser Trüffel, seltene Olivenöle, eine verwirrende Vielfalt an Käsesorten, Salametti, Bresaola, Coppa, dazu hausgemachte Antipasti, piemontesische Weine und Grappe. Die Qual der Wahl wird nur noch übertroffen durch die Vorfreude auf den Genuss.

I-28921 Verbania-Intra
Piazza Ranzoni 19
Telefon +39 0323 517 251
www.formaggidieros.it

Exotisch:
Parco Villa Taranto, Verbania-Pallanza

Tipp 10

Die Natur vom bühnenbildnerischen Standpunkt aus oder das Paradies auf Erden? Die ausgeklügelte Schönheit und Blütenpracht der 20 000 exotischen Pflanzen aus allen Erdteilen in den botanischen Gärten der Villa Taranto hat schon manchen Besucher betört. Zu verdanken ist der 16 Hektar grosse Park einem schottischen Edelmann, der die aus dem 19. Jahrhundert stammende Villa samt Gelände 1931 erworben und die typisch italienischen Terrassen mit der englischen Gartenbaukunst zu perfekter Harmonie vereint hat. Öffentlich zugänglich ist nur der Park, die Villa in aberwitziger neonormannischer Architektur kann nicht besichtigt werden.
Tipp: Im Norden grenzt der Park der Villa Taranto an die Giradini der Villa San Remigio. Hier erfüllte sich vor hundert Jahren ein Künstlerpaar einen romantischen Traum. Bei der Gestaltung des Parks haben italienische und englische Gartenkünste zu einer harmonischen Synthese gefunden. Der Garten kann nur auf telefonische Voranmeldung mit Führung besucht werden.

Telefon +39 0323 503 249
I-28048 Verbania-Pallanza
Via Vittorio Veneto 111
Telefon +39 0323 556 667
Täglich 8.30–19.30 Uhr geöffnet

Authentische Italianità:
Ristorante Milano, Verbania-Pallanza

Tipp 11

Kleine Jahrhundertwendevilla mit unverschämt altmodischen Salons und grosszügiger Glasveranda direkt am winzigen Hafen von Pallanza. Signora Sala und ihr Kellnerteam kümmern sich mit südländischem Charme um das Wohlbefinden der Gäste. Auf der Karte: Hausgemachte Pasta (Agnolotti probieren!), selbst geräucherte und gekonnt zubereitete Fische, getrüffelte Kalbshaxe mit Zucchiniblüten in Weinmostsauce – alles in Riesenportionen und zu fairen Preisen.

I-28048 Verbania-Pallanza
Corso Zanitello 2
Telefon +39 0323 556 816
Dienstag geschlossen
www.ristorantemilanolago-maggiore.it

Lust auf Genuss:
Ristorante Piccolo Lago, Verbania-Fondotoce

Tipp 12

Das Gourmetrestaurant liegt direkt am kleinen Lago di Mergozzo sechs Kilometer nordwestlich von Verbania. Das Ambiente ist gepflegt rustikal, die Stimmung heiter, die Küche von Marco Sacco ist innovativ piemontesisch und zu Recht mit zwei Michelin-Sternen ausgezeichnet.

I-28924 Verbania-Fondotoce
Via Turati 87
Telefon +39 0323 586 792
Dienstag bis Freitag jeweils abends geöffnet, Samstag und Sonntag mittags und abends geöffnet
www.piccololago.it

Schlag für Schlag Landschafts-erlebnisse:
Golfplatz des Iles Borromées

Tipp 13

Der noble, etwas erhöht gelegene Platz hat alles, was des Golfers Herz begehrt. Schatten spendende Birken säumen den Course, und der wunderbare Ausblick auf den See und die Borromäischen Inseln lassen ein schlechtes Spiel schnell vergessen.

I-28833 Brovello Carpugnino
Telefon +39 0323 929 285
www.golfdesilesborromees.it

In jedem Reiseführer:
Borromäische Inseln

Tipp 14

Die beiden Inseln Isola Madre und Isola Bella, nur wenige Kilometer voneinander entfernt, könnten unterschiedlicher nicht sein. Erstere spricht Erholungssuchende und botanisch Interessierte an, letztere erlebnishungrige Touristen auf der Jagd nach Fotosujets und barock inszenierter Italianità. Auf der ruhigen Isola Madre verlieren sich die wenigen Besucher in der zauberhaften englischen Gartenlandschaft mit Palazzo – eine Oase für seltene Pflanzen und Bäume, für exotische Vögel, Papageien und Pfauen. Wer will, ist hier allein und kann in ungeteilter Freude die betörenden Düfte des Südens einatmen. Auf der geschäftigen Isola Bella, die eine monumentale Palastanlage mit zehnstöckigem Terrassengarten und verwinkeltem Dörflein voller Gelati-Bars und Souvenirstände bietet, herrscht die gleiche Hektik wie auf den Promenaden von Rimini oder San Remo. Wer das authentische Italien sucht, lässt sich deshalb auf die malerische Isola dei Pescatori fahren, die auch zum Archipel der Isole Borromei gehört (siehe Tipp 1).

Information: Inseln: Telefon +39 0286 452 748, www.borromeoturismo.it; Schifffahrt: Telefon 091 751 61 40 oder +39 0323 30 393. Die Inseln Madre und Bella können von Ende März bis Ende Oktober tagsüber besucht werden.

Ambitionierter Familienbetrieb:
Ristorante Piemontese, Stresa

Tipp 15

«Wir sind ein Grenzland, da gibt es viele Einflüsse», erklären die kochenden Brüder Pierangelo und Orazio Bellossi die komplizierten kulinarischen Verhältnisse rund um den See. Tatsächlich steht das Ostufer des italienischen Teils des Lago Maggiore unter dem Küchenzepter der Lombardei, das Westufer unter dem des Piemonts. Und weil wir hier an der Riviera Piemontese sind, müssen wir zusätzlich differenzieren zwischen Spezialitäten aus dem Flachland und aus den Bergen des Piemonts. Sicher ist, dass es bei der Familie Bellossi schmeckt – die klassischen Agnolotti aus dreierlei Bratenhack ebenso wie der Seesaibling mit Salsa verde oder das Lammkarree mit aromatischen Kräutern. Die Mamma macht den Espresso und Sohn Nummer drei, Emilio, kümmert sich um Service und Keller des traditionsreichen Lokals mit lauschiger Pergola im Zentrum von Stresa.
I-28838 Stresa
Via Mazzini 25
Telefon +39 0323 30 235
Montag geschlossen
www.ristorantepiemontese.com

Blumenpracht und berauschende Aussicht:
Parco Villa Pallavicino, Stresa

Tipp 16

Der herrlich über dem Lago Maggiore gelegene englische Landschaftsgarten der Villa Pallavicino mit kleinem Zoo wurde im 19. Jahrhundert angelegt. Sieben Kilometer verwunschene Pfade führen an teilweise seltenen exotischen Pflanzen und Bäumen sowie Statuen und Brunnen vorbei.
Telefon +39 0323 31 533
Täglich 9–18 Uhr geöffnet
(von März bis Oktober)
www.parcozoopallavicino.it

Ein Museum für den Schirm:
Museo dell'ombrello e del parasole, Gignese

Tipp 17

Gewöhnlich fristet er ein trostloses Dasein und wird nur in regnerischen Zeiten aus der Ecke geholt. In Gignese hat man dem Schirm dagegen gleich ein ganzes Museum gewidmet. In dem kleinen Dorf im südlichen Teil des Lago Maggiore werden seit Jahrhunderten Schirme hergestellt. Im leicht kuriosen Museum wird anhand von 700 Exponaten die Geschichte dieses nützlichen Begleiters im Laufe der Jahrhunderte beschrieben.
Telefon +39 0323 89 622
Dienstag bis Sonntag 10–12 Uhr und 15–18 Uhr geöffnet
(April bis September)
www.gignese.it/museo

Tausendundeine Nacht am Ortasee:
Hotel Restaurant Villa Crespi, Orta San Giulio

Tipp 18

Der erste Eindruck löst das blanke Erstaunen aus. Wie gebannt steht man beim Anblick des arabischen Palasts aus Tausendundeiner Nacht, der 1880 vom lombardischen Baumwoll-Industriellen Benigno Crespi erbaut wurde, der sich nach seinen Reisen in den Orient ein Monument in seiner Heimat setzen wollte. 1990 wurde der heruntergekommene Herrschaftssitz wieder zu seinem ursprünglichen Glanz gebracht und in ein Hotel umgewandelt. Die Zimmer und Salons wetteifern in ihrer orientalisch verspielten Dekoration, und auch in den beiden einmaligen Restaurantsälen ist man vom ersten Gang an völlig weg und taucht erst geraume Zeit nach dem letzten wieder auf.

I-28016 Orta San Giulio
Via Fava 18
Telefon +39 0322 911 902
Doppelzimmer ab 250 €
Restaurant Montag und Dienstagmittag geschlossen
www.hotelvillacrespi.it

Norditalienisches Bilderbuchdorf:
Orta San Giulio

Tipp 19

Der Dorfkern des 1100-Seelen-Orts liegt am Fuss der hügeligen Halbinsel Ortas, die sich wie ein unförmiger Stiefelabsatz in den See drängt. Zwischen mittelalterlichen Häusern und Renaissancegebäuden zweigen verwinkelte Seitengassen ab, in denen sich schmucke Innenhöfe, Arkaden und Pergolas verstecken. Pittoresk mag abgedroschen klingen, aber der Charme des Ortes,

besonders die zum See offene Piazza Motta lässt sich mit keinem Wort treffender beschreiben. Vom «salotto» (Empfangszimmer), wie der Platz bei den Einheimischen heisst, ist die Sicht offen auf die vorgelagerte Insel San Giulio, die sich Benediktinerinnen mit Industriellen aus Deutschland und der Schweiz teilen. Ein Bild, das Literaten wie Balzac oder Nietzsche, die Orta im 19. Jahrhundert besuchten, gar als Aquarell Gottes beschrieben. Für den lokalen Bootsbetrieb ist der See jedoch mehr als nur Wasserfarbe.

www.orta.net

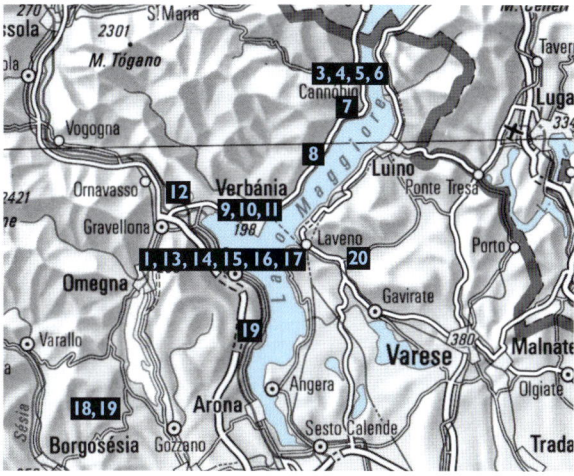

Lago Maggiore aus der Vogelperspektive: *Seilbahn zum Sasso del Ferro, Laveno*

Tipp 20

Die «Costa Fiorita» am italienischen Ostufer des Lago Maggiore gibt sich zwar bescheidener als die piemontesische Westküste, hat aber ihren stillen Reiz und kommt, abgesehen von Luino und dessen Wochenmarkt jeden Mittwoch, ohne touristischen Trubel aus. Besonders lohnenswert ist die Seilbahnfahrt von Laveno auf den Sasso del Ferro (1062 m). Hier oben geniesst man wunderbare Ausblicke auf den Lago Maggiore und die Alpen. Der «Eisenfels» ist ausserdem ein beliebter Ausgangspunkt für Gleitschirmflieger und Mountainbiker.

Die Bahn fährt täglich 10–17 Uhr, im Sommer bis 19 Uhr

Das romantische Schmuckstück am Comersee:
Varenna

Tipp 1

Wer mit Worten das landschaftliche Spektakel um den Comersee zu schildern versucht, gerät immer wieder hart an den Rand klischeehafter Sprachbilder und nicht selten darüber hinaus. Ähnlich ergeht es den Malern, die angesichts dieser von eigenartig glänzendem Licht übergossenen Panoramen in Verlegenheit geraten. Der geheimnisvolle See in Form eines auf dem Kopf stehenden Ypsilons – «die drei schönsten Schenkel der Welt» – verführt mit seiner nostalgisch-mondänen Atmosphäre, mit dem reizvollen Kontrast zwischen lieblichen Uferorten und der gewaltigen Alpenkulisse und nicht zuletzt mit seinem milden Klima, das einen selbst im tiefsten Januar am Frühling schnuppern lässt. Wer so richtig in die Stimmung des Comersees eintauchen will, ohne von Touristenmassen überrannt zu werden, fährt ins Dorf Varenna (mit der regelmässig verkehrenden Fähre ab Menaggio erreichbar), dessen Romantik alle anderen, zumeist bekannteren Orte an der Westküste schlägt. Das 850-Seelen-Dorf, wunderschön auf ein Felsenriff gebettet, hat seine Ursprünglichkeit bewahrt; hier gibt es mehr Wohnhäuser als Souvenirläden, mehr Gemüsehändler als Boutiquen, mehr Einheimische als Touristen. Varennas Reize überraschen still: Kaskaden von Bougainvilleen und Glyzinien, die sich über ockerfarbene alte Mauern ergiessen, verträumte Gässchen und schmale Wege entlang dem Ufer, moosbefleckte Stufen, die im Wasser enden.

www.varennaitaly.com

Palast des guten Geschmacks:
Villa d'Este, Cernobbio

Tipp 2

Wer zum ersten Mal vor dieser prächtigen Besitzung steht, traut seinen Augen kaum. Auch beim zweiten Hinsehen mutet die «Villa d'Este» wie ein Traum an, als glänzende Fata Morgana, die sich allein der poetischen Einbildungskraft verdankt. Aber es ist alles wahr. Die aufwendigen Renovationsarbeiten der letzten Jahre wurden mit so viel Respekt vor der Geschichte durchgeführt, dass die alte Grandeur weitgehend erhalten blieb und das Geschäft mit der Schönheit auch in Zukunft floriert. Die göttliche Villa liess Kirchenfürst Tolomeo Gallio Ende des 16. Jahrhunderts erbauen, und er sparte dabei nicht an theatralischem Prunk und Pomp. Sie wechselte dann häufig den Besitzer und wurde schliesslich 1873, zusammen mit der Eröffnung des benachbarten Grandhotels, in das Luxushotel par excellence umgewandelt – mit prachtvollen Salons, imperialen Treppenaufgängen, Muranolüstern, Seidentapeten, Pool im See. Die paradiesische Parkanlage mit jahrhundertealten Bäumen sieht wie eine Filmkulisse aus, und wird auch oft als solche genutzt. I-22012 Cernobbio, Via Regina 40, Telefon +39 031 34 81, Doppelzimmer ab 490 €, www.villadeste.it

Flanierparadies:
Como

Tipp 3

Die charmante Altstadt des wohlhabenden Como muss man zu Fuss entdecken: am Seeufer die reizvolle Piazza Cavour oder den Dom, eine Glanzleistung der italienischen Gotik. Enge Gassen führen zu klassizistischen Patrizierhäusern, dazwischen drängen sich appetitanregende Delikatessenläden, verlockende Boutiquen, Bars und Restaurants. Wer aber den Schritt hinaus auf die Piazza Vittoria im Südwesten des Stadtzentrums wagt, kommt in ein anderes Como: Es lärmt, es hupt, es wogt, entfesselte Vespafahrer kurven mit ihren knatternden Gefährten zwischen Stossstangen und Rotlichtern, minimalistische Trottoirs signalisieren die Hektik eines geschäftigen Wirtschaftszentrums.

www.lakecomo.it

Neues Traumhotel am Seeufer:
Casta Diva Resort, Blevio

Tipp 4

Der Comersee ist reich an feudalen historischen Villen. Eine davon, die «Villa Roccabruna» aus dem späten 18. Jahrhundert, wurde im Jahr 2010 aufwendig renoviert und zum schicken «Casta Diva Resort» umgestaltet. In den 75 Zimmern, den zwei Restaurants, dem Spa und dem kleinem Park kann man es sich so richtig gut gehen lassen. Cool: Der Pool im See.
I-22020 Blevio
Telefon +39 031 32 511,
Doppelzimmer ab 385 €
www.castadivaresort.com

Der Seide gewidmet:
Museo Didattico della Seta, Como

Tipp 5

Como produziert täglich etwa 250 Kilometer Seidentuch und verarbeitet zusammen mit dem Umland etwa ein Viertel der Weltproduktion. Das Seidenmuseum präsentiert mit einer interessanten Sammlung alles Wissenswerte rund um den feinen Faden und dokumentiert den gesamten Ablauf der Seidenfabrikation: von der Zucht der Raupe bis hin zum Färben und Pressen des Edelstoffs.
I-22100 Como
Via Castelnuovo 9
Telefon +39 031 303 180
Dienstag bis Freitag 9–12 und 15–18 Uhr geöffnet
www.museosetacomo.com

Authentisch lombardisch:
Ristorante Gatto Nero, Cernobbio-Rovenna

Tipp 6

Von Cernobbio schraubt sich ein kurviges Strässchen nach Rovenna. Mit ein wenig Glück findet man noch einen Platz auf der stimmigen Terrasse des «Gatto Nero» und geniesst den fantastischen Ausblick aufs Seebecken von Como. Pasta, Fisch und Fleisch sind opulent und beflügeln die Lebenslust: im Ofen gegarter Wolfsbarsch, Brasato in kraftvollem Gattinara mit Kräutern, Karotten und Sellerie geschmort, nach Rosmarin duftende Lammkoteletts und weisse Bohnen an Olivenöl. Hier (wie überall am Comersee) geht es nicht

um die Neuerfindung der grossen Gourmetküche. Die lombardischen Gäste schätzen gut zubereitete Klassiker – und die Weine zu überschaubaren Preisen.
I-22012 Cernobbio-Rovenna
Via Monte Santo 69
Telefon +39 031 512 042
Montag und Dienstagmittag geschlossen
www.gattonerocernobbio.com

Beste Aussichten:
Ristorante Imperialino, Moltrasio

Tipp 7

Edel-romantisches Ristorante an paradiesischer Lage direkt am See. Der Empfang ist freundlich, die Gartenterrasse wunderschön, die lombardische Küche kann sich schmecken lassen. Während dem Abendessen gehen die Lichterketten an den gegenüberliegenden Ufern langsam über den leuchtenden Sternenhimmel.
I-22010 Moltrasio
Via Regina Vecchia 26
Telefon +39 031 346 600
Im Sommer täglich geöffnet, ansonsten Montag geschlossen
www.imperialemoltrasio.it

Romantisches Dinner auf verwunschener Insel:
Locanda dell'Isola Comacina, Sala Comacina

Tipp 8

Vor Ossuccio ragt die einzige Insel des Comersees dicht bewaldet aus dem Wasser – die Isola Comacina, 600 Meter lang und 200 Meter breit. Wie Kulissen schieben sich die Berge vor- und hintereinander und geben den majestätischen Rahmen für die kleine Inselwelt, in der sich grosse Geschichte abgespielt hat, die im Jahr 1169 jäh endete: Der damalige Bischof von Como rief nach einem Blutbad die Verwünschung aus, dass auf dieser Insel kein Mensch mehr leben, keine Glocke mehr schlagen solle. Die Insel wurde nach und nach verlassen, bis vor fünfzig Jahren ein Wirt beschloss, das Schicksal herauszufordern, das Ristorante «Locanda» zu eröffnen und dem Fluch mit einem Ritual entgegenzutreten. Der heutige Wirt Benvenuto Puricelli führt das Ritual weiter und schliesst die stets gleichen Menüs mit einer Beschwörung ab: Während die Glocken schlagen, wird ein spezieller Kaffee serviert. Die Anfahrt zur Insel Comacina erfolgt per Boot ab Sala Comacina. 64 € kostet das Menü mit Aussicht inklusive Hauswein und munter erzählten Episoden des Gastgebers zur bewegten Geschichte der Insel.
(Anfahrt: Auto am speziell bezeichneten Parking «Isola Comacina» oberhalb der Seestrasse abstellen und zu Fuss zum Hafen, wo ein regelmässiger Boots-Shuttle zur nahe gelegenen Insel verkehrt.)
I-22010 Sala Comacina
Isola Comacina
Telefon +39 034 455 083
Im Sommer täglich geöffnet, ansonsten Dienstag geschlossen
www.comacina.it

Paradiesisch gelegener Garten:
Park der Villa del Balbianello, Lenno

Tipp 9

An der Westküste des Comersees stösst man mit einer Selbstverständlichkeit auf imposante Palazzi wie anderswo auf graue Industriebauten. Adelige und Schöngeister haben sich am schönsten der oberitalienischen Seen seit der Renaissance architektonische Denkmäler setzen lassen: mit paradiesischen Gärten, in denen Heckenfigaros Zypresse, Myrte und Buchsbaum nach den Gesetzen der Symmetrie und den Regeln der Perspektive beschnitten haben. Die meisten Traumvillen und -gärten sind bis heute private Ferien- und Wochenendresidenzen vermögender Milanesi und nicht öffentlich zugänglich. Eine der wenigen Ausnahmen ist die romantische Villa Balbianello – allerdings mit der Einschränkung, dass eine Anmeldung erforderlich ist. Das Besondere: Park und Villa können nur vom See her erreicht werden. Boote fahren im Halbstundentakt ab Sala Comacina.

I-22016 Lenno
Telefon +39 034 456 110
Dienstag und Donnerstag
bis Sonntag 10–12.30 und
15.30–18.30 Uhr geöffnet

Ein rundum angenehmer Platz zum Sein:
Hotel San Giorgio, Lenno

Tipp 10

Die Adresse dieses kleinen Hotel-Bijous dürfte eigentlich nur hinter vorgehaltener Hand weitergereicht werden, was Hotelliebhaber auch fleissig tun. So ist es für einmal keine Frage des Geldbeutels (die Preise im «San Giorgio» sind – bedenkt man die einmalige Lage – kaum zu unterbieten), sondern eher der frühzeitigen Reservierung, dass es gelingt, in den Genuss dieses Stücks Comersee zu gelangen. Drei Generationen lang hat das Familienunternehmen allen Wechselfällen des Schicksals standgehalten. Die beiden miteinander verbundenen Hotelgebäude präsentieren sich nach aussen rührend unzeitgemäss, auch die Salons, das Restaurant, die Loggia und die 26 Zimmer sind unverschämt altmodisch, aber gepflegt und charmant. Das Schönste aber ist die sanft zum See abfallende Parkanlage mit uralten Bäumen und eigenem Strand.

I-22016 Lenno
Via Regina 81
Doppelzimmer ab 125 €
Telefon +39 034 440 415
www.sangiorgiolenno.com

Sightseeing-Klassiker:
Villa Carlotta, Tremezzo

Tipp 11

Kein Aufenthalt am Comersee ohne Besuch der Villa Carlotta, steht in allen Reiseführern. Der Massenauflauf in den prächtigen Gärten und der Sommerresidenz aus dem 18. Jahrhundert spricht für sich, auch wenn die berühmteste Villa am Comersee sicher nicht die schönste ist – etwas zu klobig und kompakt erhebt sich der Palazzo auf einer Anhöhe über der Strasse. In den repräsentativen öffentlich zugänglichen Innenräumen befinden sich imposante Marmorsäle, neoklassizistische Möbel sowie wertvolle Skulpturen, Gemälde und Uhren. Wer über die zahlreich vertretenen Zeitgenossen der Gattung «Homo fotograficus» hinwegsehen kann, für den

lohnt sich jedoch ein Abstecher in den exotischen Park, dessen Gartenarchitektur weltweites Ansehen geniesst.
I-22019 Tremezzo
Via Regina 2
Telefon +39 034 440 405
Täglich 9–18 Uhr geöffnet,
www.villacarlotta.it

Steiler Bergpfad, unvergessliche Ausblicke:
Pilgerweg zur Capella di San Martino, Cadenabbia

Tipp 12

Die Gegend um Tremezzo und das gleich anschliessende Cadenabbia beeindruckt beim erstmaligen Besuch wie Rachmaninows Piano Concerto No. 3. Hier scheint sich die Welt in all den herrschaftlich-noblen Bauten und den zauberhaften Parkanlagen

allein der Schönheit zu widmen. Einen Logenplatz mit Blick über die landschaftliche Szenerie hat man von der kleinen, nicht zu übersehenden Kirche San Martino hoch am gleichnamigen Berg. Sie ist auf einem gut markierten Fussweg in anderthalb Stunden von Cadenabbia zu erreichen.

Mekka der Surfer und Segler:
Domaso

Tipp 13

Das einstige Fischerdorf Domaso im nördlichen Teil des Comersees hat sich ganz und gar dem Surfsport verschrieben: Surfshops, Surfschulen und zwölf Campingplätze reihen sich aneinander. Der Ort profitiert am Morgen vom Nordwind «tivano» (Achtung: Das Südufer ist weit entfernt!) und am Nachmittag von der von Süden her auffrischenden Brise, der «breva», die mit einer Windstärke von bis zu sechs Beaufort blasen kann. Auch der Ort Colico am gegenüberliegenden Ufer verdankt seine Attraktivität dem Wind und ist ein beliebtes Surf- und Segelziel.
www.domaso.it

Spektakulär gelegenes Postkartendorf: *Bellagio*

Tipp 14
Mit der Fähre ab Menaggio hinfahren und schauen, schauen, schauen: Bellagios Lage an der Gabelung des Sees ist schöner als jeder Ferienprospekt. An manchen Sommerwochenenden jedoch können einen die Touristenströme im adretten Dörfchen mit der grossorchestrierten Uferpromenade in die Flucht schlagen.
Informationen über
www.bellagiolakecomo.com

Italienische Grandezza: *Grandhotel Villa Serbelloni, Bellagio*

Tipp 15
Gäbe es ein Ranking der hundert stimmungsvollsten Grandhotels Europas, die 1850 erbaute «Villa Serbelloni» wäre ganz vorne mit dabei. Die Fassade im Liberty-Stil ist eine Sinfonie aus Ocker und sanftem Gelb und scheint in die Landschaft hineinkomponiert worden zu sein. Im Innern wird man von lauter Kristalllüstern, Stuck- und Kassettendecken, goldenen Säulen, opulenten Brokattapeten und Wandmalereien schier erschlagen, und es weht auch heute noch jener Hauch von feudaler Grandezza, der hier schon den Hofkapellmeister Franz Liszt zu seinen Petrarca-Sonetten inspirierte. Dafür, dass die Hotel-Perle am Comersee nicht nur auf eine grosse Vergangenheit zurückblicken kann, sondern auch eine lebendige Gegenwart hat, sorgt der geschäftsführende Besitzer Gianfranco Bucher mit kontinuierlichen Investitionen und hochklassigem Service, den kaum ein Wunsch aus der Fassung bringen kann.
I-22021 Bellagio
Telefon +39 031 950 216
Doppelzimmer ab 375 €
www.villaserbelloni.com

270 Grad Seesicht:
Parco Villa Serbelloni, Bellagio

Tipp 16

Der geschichtsträchtige Park der heiter-anmutigen Villa Serbelloni – nicht zu verwechseln mit dem gleichnamigen Grandhotel (Seite 197) – erstreckt sich nahezu über die ganze Spitze des Dreiecks von Bellagio und ist im Rahmen von Führungen zugänglich (von Dienstag bis Sonntag jeweils um 11 und 16 Uhr). Zu bestaunen ist nicht nur die terrassierte Gartenanlage mit Azaleen, Glyzinien, Zypressen und Pinien, sondern auch ein herrliches Panorama auf alle drei Seearme. Eine Dramatik, die ansteckt, und so notierte der ansonsten nicht so überschwengliche Flaubert bei seinem Besuch 1845: «Man möchte dort leben und sterben. Ein Schauspiel, zur Lust der Augen erschaffen: Gewaltige Bäume, in die Klippen verwurzelt, ein schneebegrenzter Horizont mit reizenden Vordergründen, eine Shakepeare-Landschaft.»

Ein Fest für die Augen:
Parco Villa Melzi d'Eril, Bellagio

Tipp 17

Die stattliche, blendend weisse Villa, 1808 im klassizistischen Stil gebaut, ist zwar nicht öffentlich zugänglich, dafür fällt es nicht schwer, sich mit dem grosszügig angelegten Park direkt am Seeufer zu trösten. Vor allem im Frühling, wenn die viel gerühmten Azaleen in voller Blüte stehen, entzündet sich hier ein Feuerwerk der Farben.
Täglich 9–18.30 Uhr geöffnet.

Nervenkitzel:
Downhill-Biking, Reiten, Canyoning, Kayak, Gleitschirmfliegen und Trekking rund um Bellagio

Tipp 18

Der Sportclub Cavalcalario organisiert täglich Mountainbike-Touren (6, 8 und 22 km), Downhill-Biking vom Monte San Primo (1150 m) oder vom Monte Ponciv (1650 m) nach Bellagio sowie Canyoning, Kayak, Gleitschirmfliegen und Trekking. Regelmässige Minibus-Transfers ab Bellagio sowie Ausrüstung und Verpflegung sind organisiert.
I-22021 Bellagio
Cavalcalario Club
Località Gallasco
Telefon +39 031 964 814
www.bellagio-mountains.it

Aussichtsberg:
Piani d'Erna, Lecco

Tipp 20

Die Seilbahn führt von Lecco, der Stadt am unteren Ende des östlichen Comersee-Astes, in fünf Minuten hoch auf den «Balkon über der Stadt». Ein Ausflug auf die Piani d'Erna (1392 m) lohnt sich nicht nur wegen der fantastischen Aussicht, sondern auch wegen des interessanten Naturlehrpfads, für den man gut zwei Stunden Fussmarsch einrechnen muss. Die Seilbahn fährt täglich 8.30–12.30 Uhr und 13.30–18 Uhr (Ende Mai bis Anfang September), in der Nebensaison nachmittags bis 17.30 Uhr (alle 15 bis 30 Minuten)
www.pianierna.com

Unprätentiös mit Flair:
Albergo Milano, Varenna

Tipp 19

Seeluft macht sorgenfrei. Besonders, wenn man sich in einem derart charmanten Hotel wie dem «Albergo Milano» befindet und nur eine Aufgabe zu erledigen hat: den richtigen Wein zum Abendessen bestellen. Von der Restaurantterrasse des gelben Dorfhauses geniesst man einen wunderbaren Blick auf den Comersee, die acht Zimmer präsentieren sich in edler Einfachheit und verfügen alle über Balkon und Seesicht, und Bettina und Egidio Mallone kümmern sich mit heiterer Gelassenheit um ihre Gäste.
23829 Varenna
Via XX Settembre 35
Telefon +39 0341 830 298
Doppelzimmer ab 145 €
www.varenna.net

Weiterführende Informationen

Ticino Turismo
Villa Turrita, Via Lugano 12
6500 Bellinzona
Telefon 091 825 70 56
info@ticino.ch
www.ticino.ch

Bellinzona Turismo
Palazzo Civici
6500 Bellinzona
Telefon 091 825 21 31
www.info@bellinzo-
naturismo.ch
www.bellinzonaturismo.ch

Biasca Turismo
6710 Biasca
Telefon 091 862 33 27
info@biascaturismo.ch
www.biascaturismo.ch

Blenio Turismo
6718 Olivone
Telefon 091 872 14 87
info@blenioturismo.ch
www.blenio.com

Gambarogno Turismo
6574 Vira
Telefon 091 795 18 66
info@gambarognoturismo.ch
www.gambarognoturismo.ch

Mendrisio Turismo
Mendrisiotto e Basso
Ceresio
6850 Mendrisio
Via Luigi Lavizzari 2
Telefon 091 641 30 50
info@mendrisiottoturismo.ch
www.mendrisiottoturismo.ch

Tenero e Valle Verzasca
6598 Tenero
Telefon 091 745 16 61
info@tenero-tourism.ch
www.tenero-tourism.ch

Vallemaggia Turismo
6673 Maggia
Telefon 091 753 18 85
info@vallemaggia.ch
www.vallemaggia.ch

Leventina Turismo
6780 Airolo
Telefon 091 869 15 33
info@leventinaturismo.ch
www.leventinaturismo.ch

Ente Turistico Lago Maggiore
Verkehrsverein Lago
Maggiore (Ascona, Locarno
und Täler)
6600 Locarno
Via B. Luini 3
Telefon 091 791 00 91
info@ascona-locarno.com
www.ascona-locarno.com

Lugano Turismo
Auskunft Lugano
Riva Albertolli,
Palazzo Civico
6900 Lugano
Telefon 091 913 32 32
Auskunft Melide
Telefon 091 649 63 83
Auskunft Tesserete
Telefon 091 943 18 88
info@lugano-tourism.ch
www.lugano-tourism.ch

Malcantone Turismo
6987 Caslano
Telefon 091 606 29 86
info@malcantone.ch
www.malcantone.ch

Verkehrsverein Distretto
Turistico dei Laghi, Monti
e Valli d'Ossola
I-28838 Stresa
Corso Italia 18
Telefon +39 032 330 416
infoturismo@distrettolaghi.it
www.distrettolaghi.it

Verkehrsverein Comersee
I-22070 Como
Piazza Cavour 17
Telefon +39 031 269 712
lakecomo@tin.it
www.lakecomo.com

Die TopTipps von A bis Z

Die TopTipps alphabetisch nach Ort

Claus Schweitzer geboren 1965, bereist seit über
20 Jahren die Welt auf der Suche nach charmanten,
erschwinglichen Hotels und hat zu dem Thema zahlreiche
Bücher und Reportagen verfasst. Von ihm sind im AT Verlag
bereits mehrere Reiseführer erschienen, darunter die
Bestseller «Traumhotels für wenig Geld», «Traumhotels
für Body und Beauty», «Traumhotels am Mittelmeer»
und «20 x 20 Top Tipps Genfersee».

Die erfolgreichen Führer von Claus Schweitzer im AT Verlag

Traumhotels für wenig Geld
200 preisgünstige Adressen mit Charme und Charakter
Schweiz und Nachbarländer

Von Graubünden bis zum Genfersee, vom Bregenzerwald
bis in die Toscana und von Tirol bis in die Provence die
215 schönsten Hotels mit dem besten Preis-Genuss-Ver-
hältnis. Vom charmanten kleinen Landgasthof bis zum
originellen Design-Hotel – Häuser mit eigener Persönlichkeit
und ehrlicher Gastfreundschaft.

Traumhotels für Body und Beauty
120 Wellnesshotels neu getestet und bewertet
Schweiz, Österreich, Deutschland, Südtirol

120 der besten Wellnesshotels in der Schweiz, Österreich,
Südtirol und Deutschland – sowohl die Flaggschiffe der
Wellnesskultur wie auch spezialisierte Relaxoasen. Abgerundet
wird die Palette mit den besten Day-Spas und den Top-
Adressen für Medical Wellness.

Traumhotels am Mittelmeer
170 aussergewöhnliche Adressen mit Charme und Charakter

Die 170 besten Adressen für die perfekten Ferien am
europäischen Mittelmeer – sei es direkt am Strand, in einem
pittoresken Küstenort, im beschaulichen Hinterland oder
in den beliebtesten Städtereisezielen am Mittelmeer. Mit kriti-
schem Blick getestet und anhand von sechs Kriterien über-
sichtlich bewertet.

Familienhotels zum Träumen
Schweiz, Italien, Frankreich, Deutschland, Österreich

Dieser Reiseführer gibt erstmals einen Überblick über
Hotels, in denen große und kleine Gäste gleichermaßen auf
ihre Kosten kommen. Wo Ästhetik, Kulinarik und Gastlichkeit
denselben Stellenwert genießen wie das Spiel- und
Sportprogramm und das kindergerechte Angebot.

Traumhotels für wenig Geld in Deutschland
200 preisgünstige Adressen mit Charme und Charakter

Vom Bodensee bis Sylt, von der Mosel bis an die Ostsee und von München bis nach Berlin versammelt dieser Führer erstmals eine Auswahl von über 200 Hotels in Deutschland, denen der Spagat zwischen Stil, Charme und fairen Preisen gelingt.

20 x 20 Top Tipps Genfersee

Empfehlungen für genussvolle Tage rund um den Genfersee – für jeden Geschmack, jede Jahreszeit und jedes Budget. Dieser Führer bietet bekannte Highlights und unbekannte versteckte Perlen – ein aktuelles Kaleidoskop, in dem jeder Reisende seine Sehnsüchte wieder findet.

AT Verlag
Bahnhofstrasse 41
CH-5000 Aarau
Telefon +41 (0)58 200 44 00
Fax +41 (0)58 200 44 01
E-Mail: info@at-verlag.ch
Internet: www.at-verlag.ch